新媒体·新传播·新运营 系列丛书

慕课版

和秋叶一起学

新媒体
运营实战技能

第3版

U0734591

丛书主编／秋叶

李新泉 管应琦 詹琳／主编

NEW

人民邮电出版社
北 京

图书在版编目（CIP）数据

新媒体运营实战技能：慕课版 / 李新泉，管应琦，
詹琳主编. -- 3版. -- 北京：人民邮电出版社，
2023.2
（新媒体·新传播·新运营系列丛书）
ISBN 978-7-115-60406-4

Ⅰ．①新… Ⅱ．①李… ②管… ③詹… Ⅲ．①传播媒
介－运营管理－教材 Ⅳ．①G206.2

中国版本图书馆CIP数据核字(2022)第212071号

内 容 提 要

当前，各大新媒体平台都在快速更新，调整发展方向，以寻求长足的发展。然而，无论新媒体平台如何发展，其仍立足于文本、图片、音频、视频等基本媒介形态。因此，合格的新媒体运营者必须掌握文本、图片、音频、视频等媒介形态的编辑与处理技能，了解各类热点获取、数据分析、在线协作工具等的使用方法。本书站在新媒体运营者的角度，全面且系统地介绍了新媒体运营工作中涉及的各类工具的应用，以期帮助读者了解和掌握新媒体运营工作中的实用技能。

本书内容涵盖范围广、技能讲解透彻，既可作为高等院校新媒体运营、媒介管理、电子商务等相关专业的教材，也可供广大新媒体运营相关从业人员学习和参考。

◆ 主　　编　李新泉　管应琦　詹　琳
　　责任编辑　连震月
　　责任印制　王　郁　彭志环

◆ 人民邮电出版社出版发行　　北京市丰台区成寿寺路 11 号
　　邮编　100164　　电子邮件　315@ptpress.com.cn
　　网址　https://www.ptpress.com.cn
　　北京天宇星印刷厂印刷

◆ 开本：720×960　1/16
　　印张：13.25　　　　　　　　　2023 年 2 月第 3 版
　　字数：282 千字　　　　　　　 2025 年 8 月北京第 8 次印刷

定价：49.80 元

读者服务热线：(010)81055256　印装质量热线：(010)81055316
反盗版热线：(010)81055315

前　　言

随着互联网信息技术与新媒体行业的快速发展，越来越多的企业、机构逐渐意识到新媒体运营的重要性，纷纷着手搭建自己的新媒体运营团队，以及打造新媒体账号矩阵。新媒体运营涉及产品运营、内容运营、用户运营、活动运营等方面，一名合格的新媒体运营者需要具备以上几个方面的能力。

党的二十大报告指出，加快发展数字经济，促进数字经济与实体经济深度融合，打造具有国际竞争力的数字产业集群。新媒体这一形式将是发展数字经济的有力支撑。为了紧跟行业的发展与变化，提升自己的新媒体运营能力，新媒体运营者必须时刻关注行业动态、社会热点，熟悉各大新媒体平台的功能更新，保持对新鲜事物与热点事件的敏感性，熟练掌握各类新媒体工具的使用方法，如此方能大幅提升工作效率。为了更好地满足新媒体相关专业的学生和相关从业人员的学习需求，编者根据自己的经验总结，结合新媒体运营实战技能的最新知识，对《新媒体运营实战技能（第2版）》一书进行了改版升级，改版后的内容更贴合当下行业需求。

本书编写特色

本书紧跟行业发展动态，更新了当下较为常用的媒体平台与媒介形态的应用场景，介绍了大量的工具实操方法与技巧。

（1）多种工具，介绍全面：本书从新媒体运营工作所涉及的工具出发，详细介绍了多个新媒体内容搜索、编辑、分析工具的功能和具体操作方法。

（2）案例丰富，实操性强：本书以媒介形态为脉络，根据新媒体运营的工作内容，依次介绍了图片处理、图文排版、表情包制作、H5制作、短视频制作、社群运营、热点获取、短视频与直播数据查询等方面的实用技能。

（3）配套资源丰富：本书配有慕课视频，读者用手机扫描封面二维码即可观看。另外，本书还提供配套 PPT、大纲、教案、试卷等立体化的学习资源。

本书编写组织

本书由李新泉、管应琦和詹琳担任主编。在编写过程中，我们得到了一些学者、行业内人士的指点与帮助，对此表示衷心的感谢。对于本书的编写，尽管我们力求准确、完善，但因新媒体平台和工具更新快、变化多，书中可能仍有疏漏与不足之处，万望各位读者斧正，不胜感激！

编者

2023 年 6 月

目 录

第1章
新媒体图片处理技能

【学习目标】
➤ 学习封面图的制作方法。
➤ 学习使用在线工具制作海报的方法。
➤ 学习信息长图的制作方法。
➤ 了解动态九宫图和 GIF 动图的制作方法。
➤ 了解图标和二维码的概念与制作方法。

在新媒体平台上，无论是发布短消息、长文，还是发布图文、视频，均离不开图片的处理及各类静态、动态图片的使用。新媒体运营者需要掌握基本的图片编辑与处理技能。本章将从搜索图片、制作图片入手，以图片的各种使用场景为基础，详细讲解以品牌信息为主导的新媒体图片处理技能。

1.1 封面图的搜索与制作

用户在各大新媒体平台浏览图文内容时，首先注意到的是内容的封面图。精心设计的封面图有助于提升图文内容的打开率，封面图的重要性不言而喻。

封面图主要有以下两种形式：一种是不带标题的封面图，如图 1-1 所示；另一种则是带标题的封面图，如图 1-2 所示。无论采用哪种形式，图片搜索都是制作封面图的前提，新媒体运营者必须掌握搜索免费版权、可商用的高清图片的技能。

图 1-1 不带标题的封面图

图 1-2 带标题的封面图

⯈⯈⯈ 1.1.1　精准搜索图片

新媒体运营者可以通过搜索引擎和关键词寻找合适的图片，常见的搜索引擎有百度、搜狗、360 搜索、必应等。同一关键词可以采用不同形式进行输入。例如，新媒体运营者可以尝试分别以"狗""小狗""dog"为关键词进行搜索，搜索结果略有不同。

新媒体运营者若想快速搜索与某张图片风格类似的其他图片，则可以采用"以图识图"的搜索方法，以便更精准地搜索所需图片。目前，百度图片、360 搜索图片、搜狗图片等均支持将图片上传至搜索框，以搜索更多相似图片。

图 1-3 所示为 PC 端百度搜索引擎的搜索框。单击搜索框右侧的"相机"按钮 📷，在新弹窗中单击"选择文件"按钮，如图 1-4 所示，即可选择上传本地图片文件，百度搜索引擎将根据该图片搜索更多相似图片。

图 1-3　PC 端百度搜索引擎的搜索框

图 1-4　PC 端百度搜索引擎的"选择文件"按钮

⯈⯈⯈ 1.1.2　搜索无版权图片

对通过搜索引擎搜索的图片，新媒体运营者还需要确认其版权归属及使用条件。若需使用的图片为版权图片，新媒体运营者可以联系图片的版权持有方并获得图片的使用授权。通常情况下，新媒体运营者需要向版权持有方支付一定的费用才能使用。

在日常的图文内容运营过程中，新媒体运营者更多使用的是无须授权的无版权图片。目前，有许多提供高清、无版权图片的网站和平台，如 Pixabay、Pexels、Unsplash、摄图网、花瓣网、高图网等。图 1-5 所示为 Pixabay 网站首页。

图 1-5　Pixabay 网站首页

除此之外，部分图文编辑网站或软件，如设计导航、稿定设计、创客贴、壹伴、135编辑器、秀米等，也为新媒体运营者提供了多种类型的免费图片素材。图1-6所示为创客贴网站的"模板中心"页面，该网站为新媒体运营者提供了大量可免费使用的图片素材。

图1-6　创客贴网站的"模板中心"页面

▶▶▶ 1.1.3　制作封面图的注意事项

优质的封面图有利于提升用户的阅读体验及其对品牌的好感度。新媒体运营者通过上述平台找到合适的图片后，还需要对图片进行二次编辑，使其符合封面图的要求。新媒体运营者在制作封面图的过程中，需要注意以下事项。

1. 封面图的规格要求

不同的新媒体平台对封面图的尺寸及格式有不同的要求。新媒体运营者掌握常见平台的封面图上传要求，有助于快速完成图片上传工作。

（1）微博

微博的头条文章封面图的宽高比例为16：9，图片尺寸不小于1000像素×562像素（像素是分辨率的计量单位）。当新媒体运营者上传的图片宽高比例不是16：9时，系统将自动对图片进行裁剪。系统支持上传的图片格式为JPG、PNG、GIF，且图片大小不超过20MB。

（2）微信公众平台

微信公众平台的封面图分为一级图片和二级图片，一级图片的尺寸为900像素×383像素，二级图片的尺寸为200像素×200像素。系统支持上传的图片格式为JPG、PNG，且图片大小不超过 10MB。

（3）今日头条

今日头条的头条号封面图的宽高比例为 16：9，图片尺寸不小于 660 像素×370 像素。系统支持上传的图片格式为 JPG、PNG，且图片大小不超过 10MB。

2. 封面图的品牌标志

封面图的品牌标志可以增强用户对品牌的认知和印象。品牌标志多以水印的形式添加于封面图的固定位置。

在新媒体文章的内容推送页面，品牌标志能使首条及其他推送内容的封面图显得美观、统一且辨识度高，有助于形成新媒体账号的特色。微信公众号"秋叶 PPT"所发布文章的封面图均带有其品牌标志，如图 1-7 所示。

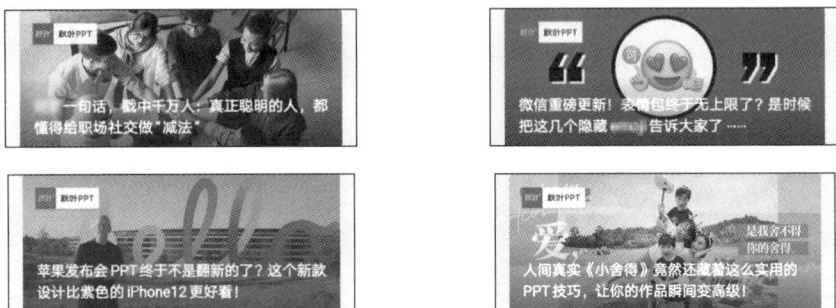

图 1-7　微信公众号"秋叶 PPT"所发布文章的封面图

新媒体运营者在封面图中添加品牌标志时，应注意使图片风格、品牌标志位置、配色、字体等保持一致。图 1-8 所示为微信公众号"读者"推送页面。

图 1-8　微信公众号"读者"推送页面

▶▶▶ 1.1.4　封面图的制作实操

常用的图片编辑工具包括演示文稿、创客贴、稿定设计、Photoshop、美图秀秀等。本小节将以 PC 端的 WPS PPT 演示文稿和创客贴为例，详细介绍封面图的制作步骤。

1. 使用 WPS PPT 演示文稿制作封面图

（1）修改演示文稿的画布尺寸

第一步：从 PC 端打开 WPS PPT 演示文稿，新建空白演示文稿，如图 1-9 所示。

图 1-9　新建空白演示文稿

第二步：依次单击空白演示文稿页面顶部菜单栏中的"设计"—"幻灯片大小"—"自定义大小"选项，如图 1-10 所示。

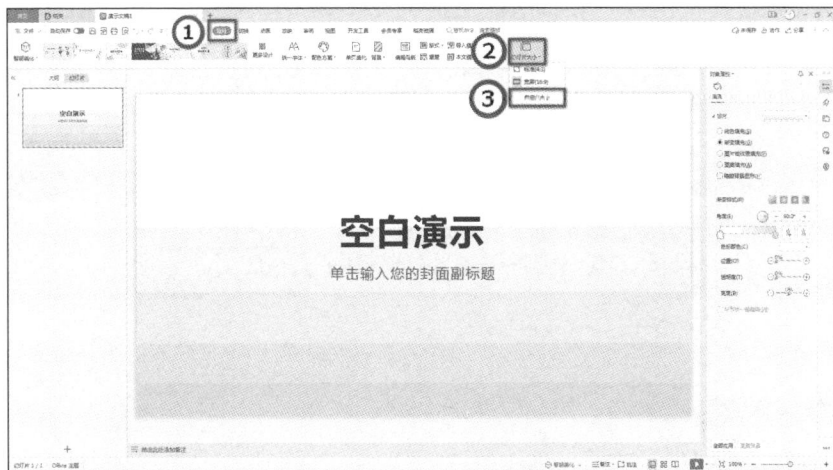

图 1-10　依次单击相关选项

第三步：在新弹出的"页面设置"弹窗中设置幻灯片大小，将空白演示文稿的宽度设置为 16 厘米，高度设置为 9 厘米，如图 1-11 所示。此处以微信公众平台的封面图为例，其他平台的封面图可参照此方法设置相应的宽高比例。

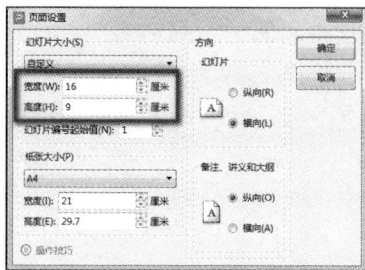

图 1-11 "页面设置"弹窗

第四步：完成幻灯片大小的设置后，单击"页面设置"弹窗右侧的"确定"按钮。在新弹出的"页面缩放选项"弹窗中，单击"确保合适"选项，即可完成空白演示文稿画布尺寸的修改。

（2）插入图片

第一步：返回空白演示文稿页面，依次单击页面顶部菜单栏中的"插入"—"图片"选项，如图 1-12 所示。

图 1-12 选择插入图片

第二步：在新出现的"插入图片"弹窗中，单击选中合适的图片，再单击弹窗底部的"打开"按钮，如图 1-13 所示。

图 1-13 在"插入图片"弹窗选中图片并单击"打开"按钮

第三步：返回空白演示文稿页面，页面中已显示新插入的图片。若图片的宽高比例为 16：9，则图片可以完整覆盖空白演示文稿页面，如图 1-14 所示；若图片的宽高比例不是 16 : 9，则可以单击图片的任意一个角，按住键盘上的"Shift"键，按住鼠标左键拖曳并调整图片大小，直至图片完全覆盖空白演示文稿页面。

图 1-14　调整图片大小

（3）添加更多元素

根据需要单击空白演示文稿页面顶部的"插入"选项，插入形状或文字等，对空白演示文稿页面中的封面图进行二次编辑，如添加文字及品牌标志等元素，效果如图 1-15 所示。

图 1-15　添加文字

（4）导出图片并保存

第一步：封面图制作完成后，将鼠标指针移至页面顶部的文件名处，鼠标右键单击，在新弹出的弹窗中单击"保存"选项，如图 1-16 所示。

第二步：在新弹出的"另存文件"弹窗中选择指定文件夹，单击弹窗底部的"保存"按钮，如图 1-17 所示，即可将制作完成的封面图保存至指定文件夹。

图 1-16　图片保存设置

图 1-17　在"另存文件"弹窗单击"保存"按钮

通过 WPS PPT 演示文稿进行封面图制作，可以大幅降低图片设计的难度。但是，这一方式的不足之处在于，新媒体运营者需要自己动手设计各种图标元素。

2. 使用创客贴制作封面图

创客贴是一款在线平面设计工具，新媒体运营者无须下载任何客户端，只要保证计算机处于联网状态，即可通过 PC 端浏览器进入其官方网站，完成注册登录并使用。创客贴为新媒体运营者提供了丰富、可自定义且免费的图片、图标、字体、线条、形状、颜色等素材，有效提升了新媒体运营者制作封面图的效率。

（1）选择模板

第一步：通过 PC 端浏览器搜索关键词"创客贴"，进入其官方网站，注册并登录，进入创客贴网站首页。

第二步：单击创客贴网站首页左侧功能栏中的"模板中心"选项，页面右侧随即出现多种模板。模板按"分类""场景""行业""热门推荐""颜色""风格"等类型划分，每种类型选项下设有更多二级选项，如图 1-18 所示。

图 1-18　创客贴"模板中心"页面

第三步：单击"模板中心"页面"场景"类目下的二级选项"公众号封面首图"，并从新弹出的模板素材中选择合适的图片模板。此处以一张"旅行"主题的图片模板为例。

（2）编辑文字元素

第一步：单击选中的"旅行"主题图片模板，进入图片编辑页面，页面左侧为"功能导航区"，页面中间区域为"编辑预览区"，如图 1-19 所示。功能导航区包含模板、图片、素材、文字、背景、工具、上传等功能选项，新媒体运营者逐一单击功能选项，即可单击弹出的对应元素的模板，将其添加至编辑预览区。

图 1-19　图片编辑页面

第二步：双击编辑预览区图片中的"带你去旅行"字样，即可对此文字内容进行编辑和修改。双击文字内容时，页面上方同步出现文字编辑功能栏，功能栏包含字体、字号、颜色、加粗等功能选项，如图 1-20 所示。

图 1-20　文字编辑功能栏

第三步：将图片模板中的主标题"带你去旅行"改为"年终总结 PPT"，将副标题"Get 最全面旅游出行攻略"改为"10 个简单好用的制作小技巧"，调整文字的字体、字号，对主标题文字进行加粗设置，如图 1-21 所示。

图 1-21　完成文字元素编辑

（3）编辑图片元素

除了文字元素，新媒体运营者还可以编辑模板中的图片元素。

第一步：单击选中图片模板文本框右上角的树叶元素，如图 1-22 所示；使用键盘上的"Delete"键，快速删除树叶元素，如图 1-23 所示。

图1-22　单击选中树叶元素

图1-23　快速删除树叶元素

第二步：单击图片编辑页面左侧功能导航区的"素材"选项，单击"素材"样式中的时钟元素，即可将其添加至编辑预览区，如图1-24所示。

图1-24　将"素材"样式中的时钟元素添加至编辑预览区

第三步：单击编辑预览区中的时钟元素，按住鼠标左键将其拖曳至文本框的右上角，将时钟元素调整至合适尺寸，如图1-25所示。

图1-25　完成图片元素编辑

（4）保存封面图

完成图片模板中相应元素的编辑后，单击图片编辑页面右上角的"保存至公众号"选项，完成公众号授权，即可将封面图添加至新媒体运营者所运营的微信公众平台后台。单击图片编辑页面右上角的"下载"选项，即可将封面图下载至计算机的本地文件夹中。

实战训练

请尝试为你喜欢的微信公众号制作一张头条文章的封面图。

1.2 海报的内容与制作

海报是一种常见的新媒体宣发物料。在发起线上活动时，无论是企业还是个人，都需要制作相关的宣传海报并广泛传播。如果活动的规模与影响力较大，新媒体运营者往往需要制作多张海报，以便在不同的活动阶段、不同的平台进行发布。

▶▶▶ 1.2.1 海报的主要内容

新媒体运营者应先明确制作海报的目的，再据此有针对性地设计海报。一般而言，海报可以分为事前的宣传预热海报和事后的成果总结海报。

1. 宣传预热海报

为了吸引新用户、激活老用户、实现产品和服务的销售转化，新媒体运营者往往需要策划各类线上和线下活动，如直播活动、行业峰会等。此类活动的宣传预热海报应重点突出活动的时间、地点（平台）、主题、目标用户、活动价值及活动预约方式。除此之外，如果活动嘉宾的知名度较高，新媒体运营者也可以考虑将嘉宾的个人形象照放进海报中，以凸显活动的影响力之大。

2. 成果总结海报

活动结束后，新媒体运营者应对活动进行快速复盘并及时发布成果总结海报，以促进活动的二次传播，延续活动的影响力。顾名思义，成果总结海报的重点内容即本次活动的成果与成绩。

新媒体运营者在撰写海报文案时，应注意使用数据化的表现形式，以便给用户留下更为深刻的印象。例如，新媒体运营者将"行业内的多家企业参加了此次会议，许多企业通过此次会议达成合作"改为"829家企业参会，315家企业达成合作"，可以使文案更为简洁有力。

▶▶▶ 1.2.2　海报的制作实操

专业设计软件制作出的海报通常更为精良，但专业设计软件的使用门槛较高，因此新媒体运营者可以选择使用在线设计工具进行海报制作。在线设计工具的优势在于简易方便、操作难度低，毫无设计基础的新媒体运营者也能快速上手。本小节将以 PC 端的"稿定设计"网站为例，详细介绍使用在线设计工具制作直播宣传海报的方法。

直播宣传海报通常为竖屏海报，海报的宽高比例为 1：2，图片分辨率最好不低于 1920 像素×1080 像素。为了符合直播软件的设置要求，直播宣传海报的中心位置通常为主播个人形象照，四周区域配有直播主题、直播时间、作者简介、二维码等图文信息。

第一步：通过 PC 端浏览器搜索关键词"稿定设计"，进入其官方网站，注册并登录网站首页。其首页默认为"创意设计"板块的"模板中心"页面，如图 1-26 所示。

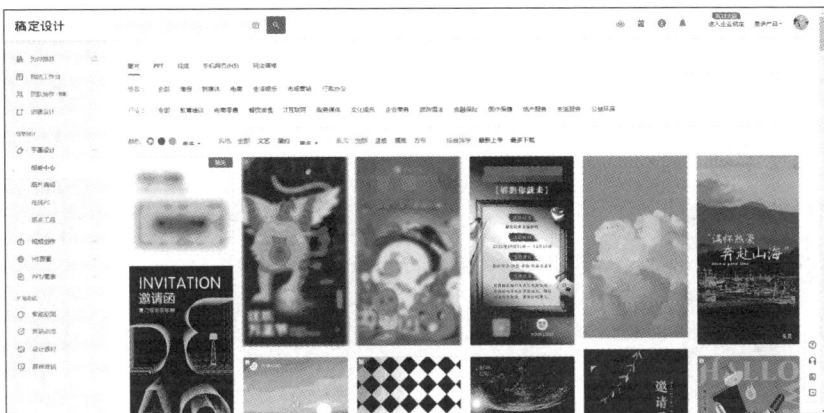

图 1-26　"模板中心"页面

第二步：依次单击"模板中心"页面上方的"图片"—"海报"—"手机海报"—"宣传海报"选项，并从页面中挑选合适的海报模板。此处选中的是"模板中心"页面中的"抖音直播预告"海报模板，如图 1-27 所示。

第三步：单击以上模板进入海报编辑页面，此时页面中间区域的海报模板处于可编辑状态。单击页面中的空白区域，页面右侧随即出现"画布"选项，新媒体运营者可以在其中对海报的画布尺寸、背景颜色、背景图片等进行更改，如图 1-28 所示。

第四步：双击海报模板中的文字，即可直接对选中文字进行编辑。同时，页面右侧会出现"文字"和"动画"选项，新媒体运营者可以对选中文字的字体、字号、对齐方式、特效、颜色等进行调整，如图 1-29 所示。

图 1-27　"抖音直播预告"
海报模板

图 1-28　海报画布编辑页面

第五步：双击海报模板中的人物图片，即可对选中的图片进行替换。同时，页面右侧会出现"图片"和"动画"选项，新媒体运营者可以对选中图片的蒙版、特效、清晰度等进行调整，如图 1-30 所示。

图 1-29　海报文字编辑页面

图 1-30　海报图片编辑页面

第六步：双击海报模板底部的二维码，页面右侧随即出现"二维码"选项，新媒体运营者可以对二维码的样式、颜色、内容、标志等进行调整，如图 1-31 所示。

第七步：单击页面右上角的"下载"选项，即可将制作完成的海报下载至计算机中的指定文件夹。

图 1-31　海报二维码编辑页面

请你尝试使用创客贴或稿定设计制作一张海报。

1.3 信息长图的构思与内容

信息长图是一种将文字信息与数据信息融入设计元素，内容丰富且美观的图片形式，可以为用户提供轻量化阅读体验。随着移动端用户的增加，普通信息图已经不能满足用户上下滑动手机屏幕阅读的习惯，信息长图的应用因此日渐普遍。图 1-32 所示为某"职场在线训练营"信息长图。

▶▶▶ 1.3.1 信息长图的事前构思

信息长图的事前构思是新媒体运营者制作信息长图前的必要环节。

1. 明确主题及大纲，厘清故事线索

新媒体运营者需要明确信息长图的主题，进而根据主题设计信息长图的大纲。通过对大纲的梳理与重要信息的罗列，新媒体运营者可以逐渐完善信息长图的基本结构和叙述线索。

2. 收集数据信息，完善内容呈现

数据信息是信息长图的基础。新媒体运营者可以使用百度指数、微信指数、艾瑞数据等公开或付费的数据平台进行数据收集。在筛选具体的数据信息时，新媒体运营者要专注于设定的目标，让数据信息为传播目标服务。

图 1-32 某"职场在线训练营"信息长图

3. 确定设计风格，完成信息美化

不同主题及数据信息内容都会对信息长图的设计风格产生影响，如果尚未确定理想的设计方案，新媒体运营者可以浏览一些优秀的信息长图案例，并据此激发更多的设计灵感。

4. 确定设计结构

信息长图一般采用"总分总"的结构形式，先讲述核心内容，再分步详细分析，最后做归纳总结。在图层顺序上，信息长图可以分为背景层、逻辑元素层和文字层，

如图 1-33 所示。信息长图的背景层建议使用纯色背景或较简单的背景，这样便于拼接长图，用户也不容易发现拼接痕迹。

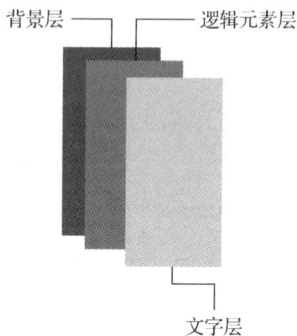

▶▶▶ 1.3.2　信息长图的主要内容

信息长图并非简单地将普通的图片进行拉长处理，而是借助长图模式表现更为系统和完整的内容。信息长图按照上下结构分为封面、内容、封底 3 个部分。

图 1-33　信息长图的图层顺序

1. 封面

封面统领全图。封面包含主标题、副标题（对主标题起补充说明作用）、文字说明等元素，从视觉元素及标题文案技巧入手，着重突出信息长图内容的要义，如图 1-34 所示。

2. 内容

内容是信息长图的核心。信息长图通过内容的纵向引导，以及线条、序号、色块等视觉逻辑标志的使用，提示用户注意关键信息和内容间的逻辑关系，并引导用户的视线逐渐向下移动，如图 1-35 所示；通过视觉化的图表来代替枯燥的数据，使用形象化的图片元素来代替冗杂的文字描述。

图 1-34　某"职场在线训练营"信息长图封面

图 1-35　某"职场在线训练营"信息长图内容

3. 封底

封底部分多是对内容的总结。新媒体运营者可以在封底处提炼并呈现内容的核心观点，或放置活动主办方的联系方式、二维码等，如图 1-36 所示。

图 1-36　某"职场在线训练营"信息长图封底

1.4　动态九宫图的呈现效果与制作

九宫图又称为九宫格图，由 9 个方格组成。新媒体运营者可以借用九宫图，在海报设计和社交媒体配图设计方面发挥创意。动态九宫图是增加了动态效果的九宫图，其在九宫图的基础上强化了动态的创意。

▶▶▶ 1.4.1　动态九宫图的呈现效果

动态九宫图在预览状态下是一张完整的图片，用户打开每张小图后，放大的图片却显示为另一张图片。

以某新媒体运营者发布的动态九宫图的微博内容为例。用户查看该条微博内容时，首先看到的是由 9 张小方图组成的预览，9 张预览图组成了一个完整的卡通形象，如图 1-37 所示。当用户打开每一张小方图后，小方图即展开为原图，而原图则是由一张张长图构成的，如图 1-38 所示。此即利用了微博的长图折叠机制的动态九宫图。

图 1-37　动态九宫图

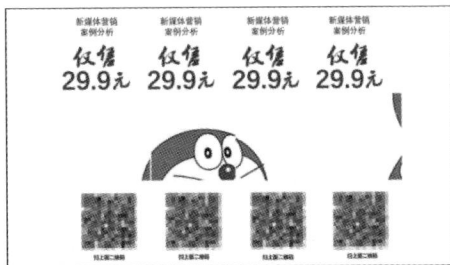

图 1-38　动态九宫图单张小方图的展开效果

▶▶▶ 1.4.2　动态九宫图的制作实操

动态九宫图的制作过程包含两大关键点，一是对预览状态下呈现的完整图片进行裁切，二是将裁切后的图片逐一制成展开后呈现的长图。

1. 切出 9 张小方图

找到目标图片后，使用图片编辑工具将完整的图片切为 9 张小方图，此处以美图秀秀为操作工具进行介绍图片的裁切步骤。

第一步：在计算机上安装美图秀秀。

第二步：使用美图秀秀打开目标图片，默认进入"美化图片"功能页面，如图 1-39 所示。

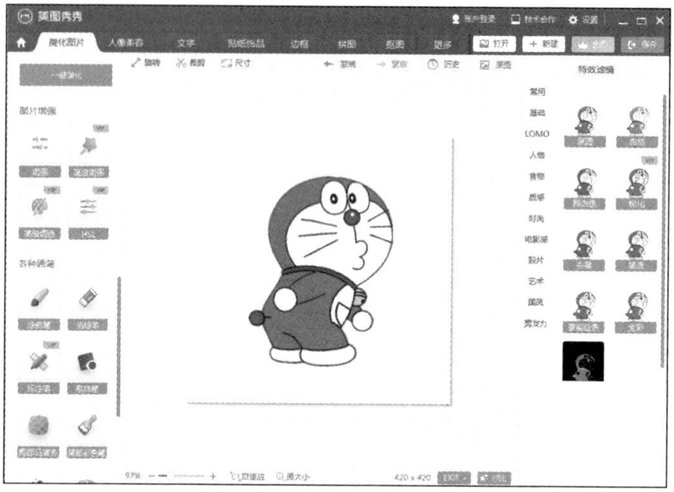

图 1-39 "美化图片"功能页面

第三步：单击"更多"功能页面中的"九格切图"选项，如图 1-40 所示，进入"九格切图"功能页面，系统已自动对图片进行九格切分，如图 1-41 所示。

图 1-40 单击"更多"功能页面中的"九格切图"选项

图 1-41 "九格切图"功能页面

第四步：单击"九格切图"功能页面下方的"保存到本地"选项，在新弹出的"保存"弹窗中选择"保存 9 张切图"，单击弹窗底部的"确定"按钮，如图 1-42 所示。

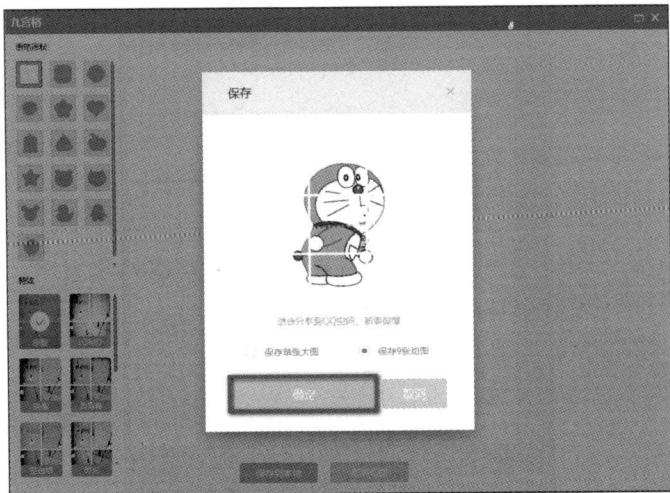

图 1-42 选择"保存 9 张切图"并单击"确定"按钮

第五步：选择指定文件夹，即可将切分后的 9 张小方图保存至指定文件夹。

2. 设计纵向 PPT

完成图片裁切后，新媒体运营者即可将每张小方图制作成长图。

第一步：从 PC 端打开 WPS PPT 空白演示文稿页面，如图 1-43 所示。

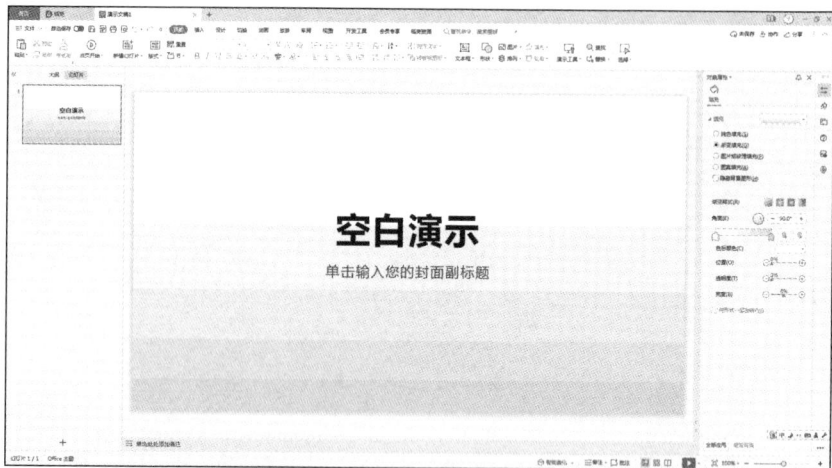

图 1-43　空白演示文稿页面

第二步：依次单击页面顶部菜单栏中的"设计"—"幻灯片大小"—"自定义大小"选项，如图 1-44 所示。

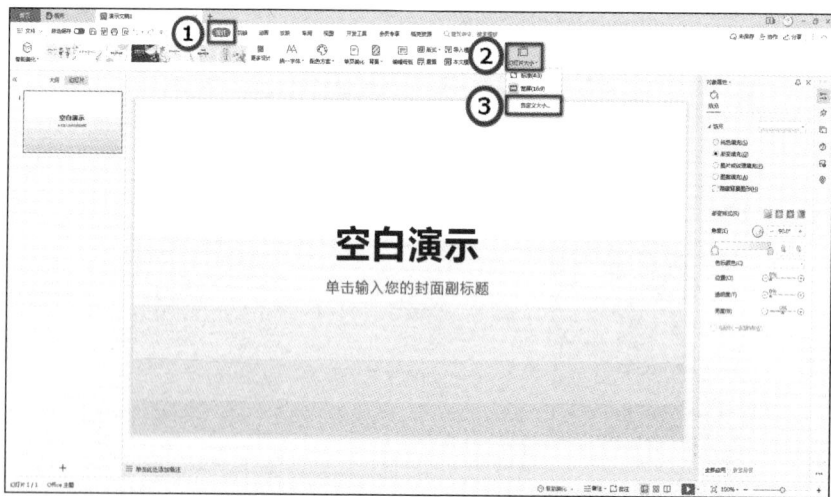

图 1-44　依次单击相关选项

第三步：在新弹出的"页面设置"弹窗中设置幻灯片的大小，需将宽高比例设置为 1∶3，如图 1-45 所示。宽度的具体参数根据之前所切九宫格的小方图的实际大小进行设置。

第四步：设置完成后，单击"页面设置"弹窗右侧的"确定"按钮，即可生成纵向的空白演示文稿。

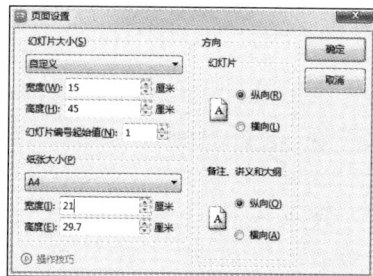

图 1-45　"页面设置"弹窗

3. 设计长图

在纵向空白演示文稿画布中插入一张裁切后的小方图，小方图默认位置即为画布的正中间，如图 1-46 所示。完成小方图的插入后，新媒体运营者可以在小方图的上方及下方空白处设计相关的广告信息。

4. 导出长图

单击空白演示文稿页面顶部菜单栏中的"文件"选项，在弹窗中选择"另存为"选项，在新弹出的"另存为"弹窗中设置文件保存类型为 JPG 格式，即可导出设计好的长图。新媒体运营者在微博或微信朋友圈发布创意动态九宫图时，依据小方图所显示的画面，按照顺序依次选中图片并发布即可，如图 1-47 所示。

图 1-46　插入一张小方图　　　图 1-47　发布创意动态九宫图

1.5　GIF 动图的应用场景与制作

GIF 是一种公用的图像文件格式标准，由 CompuServe 公司于 1987 年发布。GIF 分为静态 GIF 和 GIF 动图两种形式，GIF 动图支持一个文件存储多个图像，实现了动画功能，如同一个小的视频片段。同时，GIF 是压缩格式的文件，兼具"体型"小的优势，其在网络上传递的时间也更短。这些特性为 GIF 动图的广泛应用奠定了基础。

▶▶▶ 1.5.1　GIF 动图的应用场景

目前，GIF 动图被广泛应用于网络动态表情包及图文内容的动态图片素材的制作场景中。图 1-48 所示为公众号文章中搭配的 GIF 动图。新媒体运营者可以在 GIPHY、SOOGIF、花瓣网等网站下载精美的 GIF 动图，也可以自行制作需要的 GIF 动图。

图 1-48　公众号文章中搭配的 GIF 动图

▶▶▶ 1.5.2　GIF 动图的制作实操

PC 端和移动端均有制作 GIF 动图的工具，此处以 PC 端的 SOOGIF 网站为例。该网站是功能较为完备的 GIF 动图制作工具，不过，其部分功能在付费后才能使用。

1. 在线录屏

第一步：在 PC 端选择包含需制作为 GIF 动图画面的视频文件，使用视频播放器播放该视频文件，如图 1-49 所示。

图 1-49　播放视频文件

第二步：通过 PC 端浏览器搜索关键词 "SOOGIF"，进入其官方网站，注册并登录网站首页，如图 1-50 所示。

图 1-50　SOOGIF 网站首页

第三步：在首页 "动图工具" 板块下的 "在线录屏" 选项窗口中，单击 "立即使用" 选项，如图 1-51 所示。

第四步：进入 "在线录屏" 功能页面，单击 "单击开始录制" 按钮，如图 1-52 所示。

图 1-51 "动图工具"板块

图 1-52 进入"在线录屏"功能页面并单击"单击开始录制"按钮

第五步：在新弹出的"共享屏幕"弹窗中，单击"应用窗口"选项，在若干应用窗口中单击选中上述视频文件的播放窗口，如图 1-53 所示。

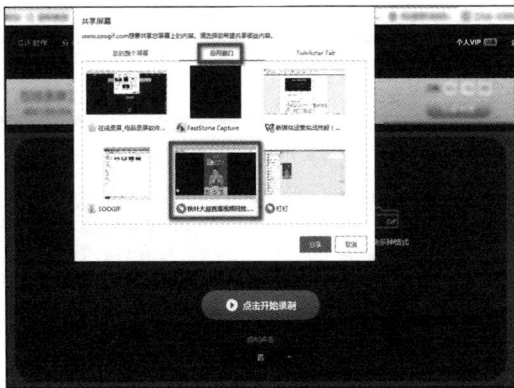

图 1-53 在"共享屏幕"弹窗单击"应用窗口"选项并选中视频文件

第六步：单击"共享屏幕"弹窗下方的"分享"按钮。

第七步：返回正在录制视频文件播放画面的"在线录屏"功能页面，录制完成后，单击页面中的"停止录制"按钮，如图 1-54 所示。

图 1-54 返回"在线录屏"功能页面并单击"停止录制"按钮

第八步：在新弹出的"视频录制成功"页面中，完成"下载文件名"的编辑，单击"无水印下载"按钮（此功能需付费使用），即可将录制的视频文件保存至 PC 端的指定文件夹。

2. 视频转 GIF

除了使用 SOOGIF 网站进行在线录屏外，新媒体运营者还可以提前使用其他设备或工具录制视频，再使用 SOOGIF 网站的"视频转 GIF"功能将视频转为 GIF 动图。

第一步：将已提前录制的视频文件上传至计算机的指定文件夹。

第二步：单击 SOOGIF 网站首页的"视频转 GIF"选项窗口，如图 1-55 所示。

图 1-55 单击"视频转 GIF"选项窗口

第三步：进入"视频转 GIF"功能页面，单击页面中的 按钮，如图 1-56 所示。

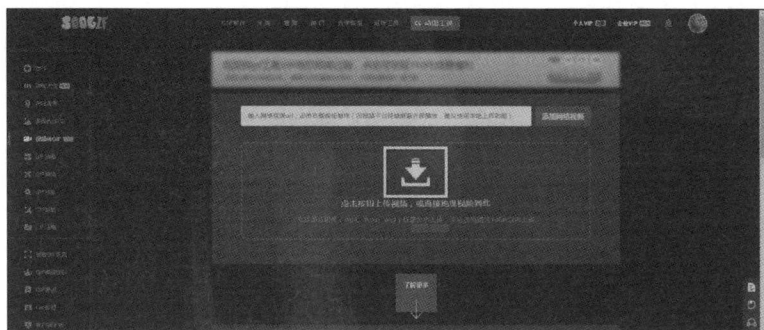

图 1-56 "视频转 GIF"功能页面

第四步：在新弹出的文件夹弹窗中，查找并单击选中待转为 GIF 动图的视频文件，单击弹窗右下角的"打开"按钮，如图 1-57 所示。

图 1-57 选中视频文件并单击"打开"按钮

第五步：返回"视频转 GIF"功能页面，调整待转为 GIF 动图的视频画面的开始与结束时间，单击页面底部的"生成 GIF"按钮，如图 1-58 所示，即可完成"视频转 GIF"的操作。

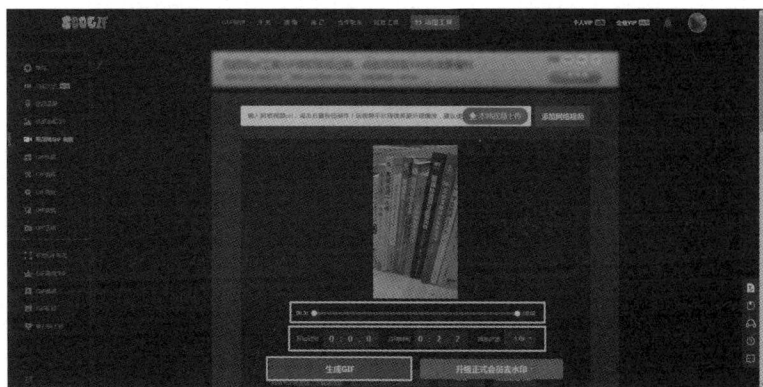

图 1-58 返回"视频转 GIF"功能页面并单击"生成 GIF"按钮

实战训练

　　请使用手机相机的连拍功能拍一组人物奔跑的相片，并使用上述 GIF 动图制作工具将其制作成 GIF 动图。

1.6　图标的应用与制作

　　图标是图形标志的简称。除了应用于计算机软件等专业领域外，图标在其他领域也有着广泛的应用。

▶▶▶ 1.6.1　图标的应用场景

　　广义的图标是指具有指代意义的图形符号。例如，道路交通指示标志、品牌或企业的专属定制标志、新媒体图文内容中的特定图形元素等。狭义的图标是指具有明确指代含义的计算机图形，它可以代表一个文件、程序、网页或命令。

　　图标具有高度浓缩、快速传达信息及便于记忆的特性。一方面，图标能够最大限度地取代文字信息，满足视觉化设计需求；另一方面，图标的使用可以使内容的逻辑线更加清晰。正因如此，无论是设计封面图、信息长图，还是 PPT 演示文稿，恰到好处的图标能有效提升图片设计及图文排版的整体美观程度。

　　新媒体运营者可以通过网站下载成品图标，相关网站有 FLATICONS、envatomarket、iconfont 等。图 1-59 所示为 iconfont 网站首页。

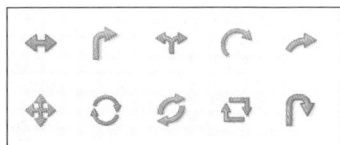

　　新媒体运营者也可以利用图片处理工具或软件绘制更为个性化的图标。专业级图标的设计要求非常高，而一般的新媒体图文所使用的图标并不需要达到专业级。

　　新媒体运营者如果掌握了对多个图形进行联合、剪除、相交、组合、拆分的技巧，则可以运用 PPT 演示文稿软件所提供的功能进行图形优化排列组合，完成简单的图标制作。图 1-60 所示为 PPT 演示文稿中常用的箭头图标。

图 1-59　iconfont 网站首页　　　　图 1-60　PPT 演示文稿中常用的箭头图标

▶▶▶ 1.6.2 图标的制作实操

此处以人型图标为例，讲解利用 PPT 演示文稿软件制作简易人形图标的步骤。图 1-61 所示为制作的人形图标成品。

图 1-61 制作的人形图标成品

第一步：从 PC 端打开 WPS PPT 演示文稿，新建空白演示文稿。

第二步：单击空白演示文稿页面顶部菜单栏中的"插入"—"形状"选项，在新弹出的下拉弹窗中单击"基本形状"选项下的圆形图标○，如图 1-62 所示。

图 1-62 单击"基本形状"选项下的圆形图标

第三步：单击空白演示文稿页面的画布区域，即可在画布中插入 1 个圆形图标，使用"复制""粘贴"功能新增 2 个圆形图标，如图 1-63 所示。

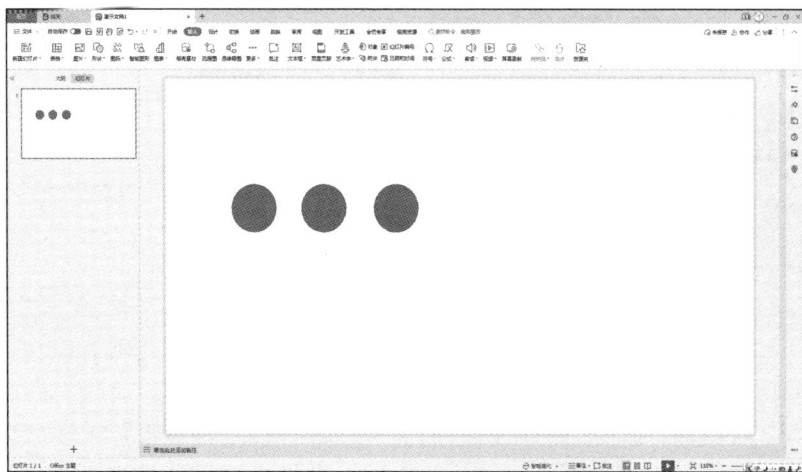

图 1-63 在空白演示文稿页面插入 3 个圆形图标

第四步：通过拖曳圆形图标的编辑边框，调整 3 个圆形图标的大小，使其呈现为大号、中号、小号 3 种不同的尺寸，如图 1-64 所示。

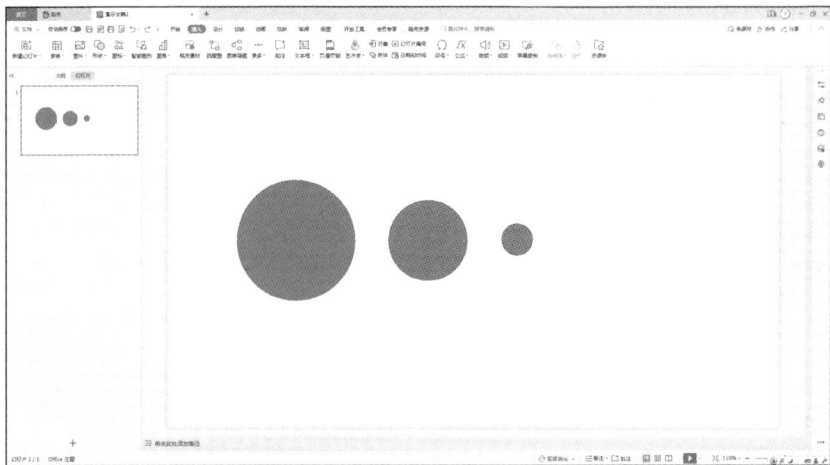

图 1-64　调整 3 个圆形图标的大小

第五步：单击页面左上角的"文件"选项，单击下拉弹窗中的"选项"选项，如图 1-65 所示。

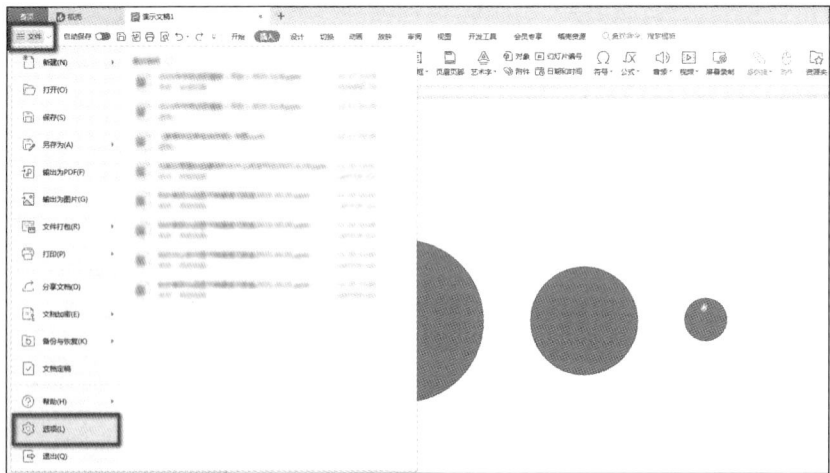

图 1-65　单击"选项"选项

第六步：在新弹出的"选项"弹窗中，单击弹窗左侧的"自定义功能区"，在弹窗右侧"自定义功能区"下的"主选项卡"列表中，单击"动画"选项，再单击列表下方的"新建组"选项，则"动画"选项下即新增一个"新建组（自定义）"选项，如图 1-66 所示。

第七步：在"选项"弹窗中间的"从下列位置选择命令"区域的搜索框中输入关键词"相交"，单击弹出的"相交"命令，再单击弹窗中的"添加"选项，将"相交"命令添加至"新建组（自定义）"项下，最后单击弹窗底部的"确定"按钮，如图 1-67 所示。

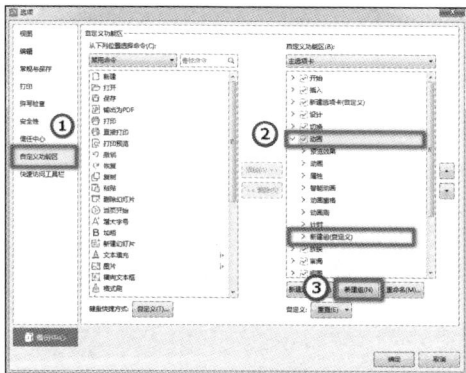

图 1-66　"选项"弹窗 1

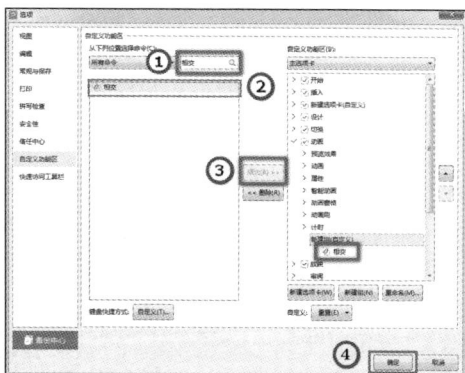

图 1-67　"选项"弹窗 2

第八步：返回 WPS PPT 演示文稿页面，单击选中 3 个圆形图标中的中号圆形图标，按住鼠标左键将其拖曳至大号圆形图标的下方。选中相叠的大号和中号圆形图标，单击页面顶部菜单栏中的"动画"—"相交"选项，如图 1-68 所示。

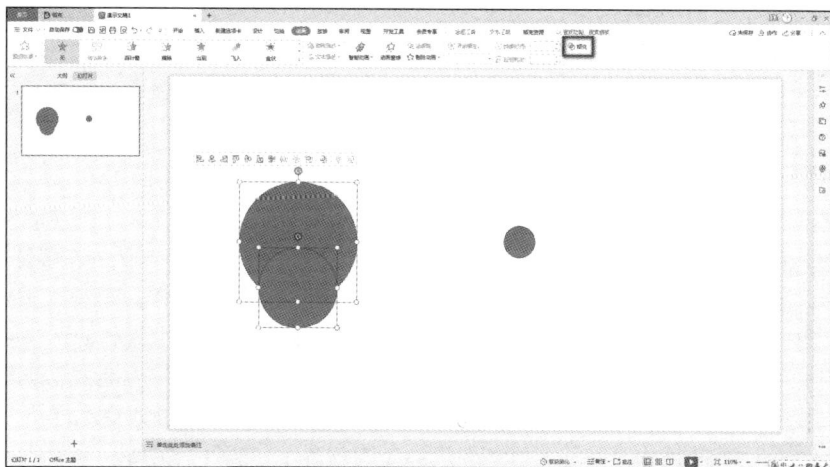

图 1-68　单击页面顶部菜单栏中的"动画"—"相交"选项

第九步：单击"相交"选项后，画布中相叠的大号和中号圆形图标即显示两者相交且重合的部分，将画布中的小号圆形图标移至该部分图形图标的上方，即可完成简易人形图标的制作，如图 1-69 所示。

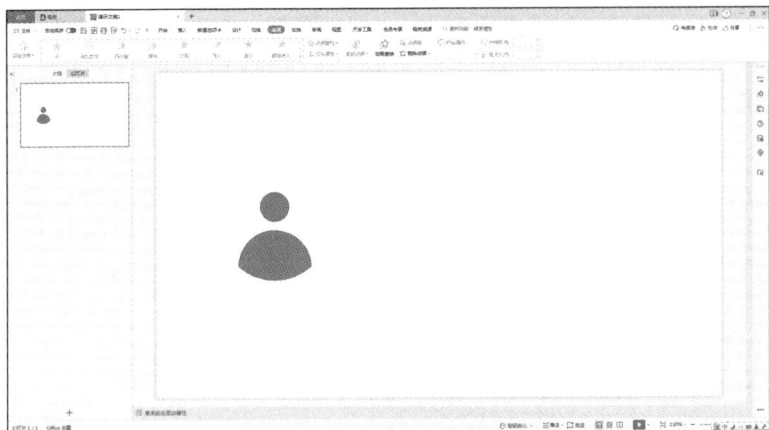

图 1-69　制作的简易人形图标

实战训练

请使用 WPS PPT 演示文稿设计一个简易图标。

1.7　二维码的应用场景、生成与美化

二维码是使用某种特定的几何图形，将图形按照一定的规律在平面（二维方向上）分布的、记录数据符号信息的图形。近几年来，二维码在移动端得到了较为广泛的应用，越来越多的新媒体平台以二维码作为连接用户与平台的重要渠道。

▶▶▶ 1.7.1　二维码的应用场景

不论是线上还是线下渠道，用户都可以扫描企业或个人的二维码，以获取联系方式、加入社群、参与活动。不论是微信、知乎、抖音、快手，还是其他的新媒体平台，几乎都支持用户使用二维码进行身份验证及内容获取、传播和分享。

二维码可以分为静态二维码与动态二维码两类。静态二维码生成后就无法修改，动态二维码则相对更为灵活和便利。当新媒体运营者将一个固定的网址生成动态二维码后，用户可以通过扫描该二维码进入目标网址对应的页面，且新媒体运营者可以在二维码图案不变的情况下，随时修改对应页面的内容，并统计扫描量。

▶▶▶ 1.7.2　二维码的生成与美化实操

传统单一的黑白方块二维码美观性不足，部分平台生成的二维码也缺乏个性。基于此，新媒体运营者可以通过相关平台对二维码进行生成与美化。常见的二维码生成与美化平台有草料二维码和第九工场。

在草料二维码网站中，无论是链接、文字、图片还是各类文件，均可生成二维码。此处以草料二维码网站为例，介绍二维码的生成与美化步骤，具体如下。

第一步：通过 PC 端浏览器搜索关键词"草料二维码"，进入其官方网站首页，注册账号并登录。

第二步：依次单击首页中的"网址"—"网址跳转活码"选项，在文本框中输入相应网址，如图 1-70 所示。

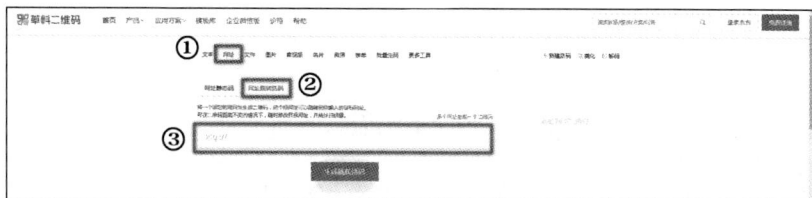

图 1-70　在文本框中输入相应网址

第三步：网址输入完成后，单击文本框下方的"生成跳转活码"选项，即可在页面右侧生成一张二维码图片，单击二维码下方的"二维码美化"选项，如图 1-71 所示。

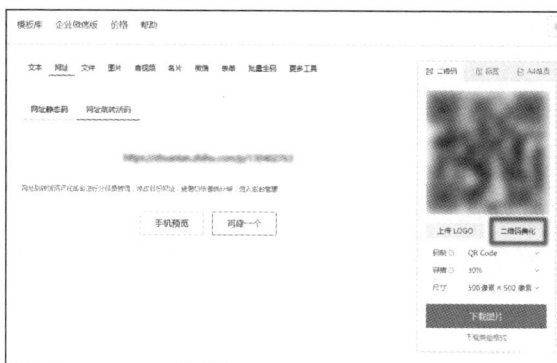

图 1-71　生成二维码图片并单击"二维码美化"选项

第四步：在新出现的"公共样式"弹窗中选择合适的二维码样式，如图 1-72 所示。

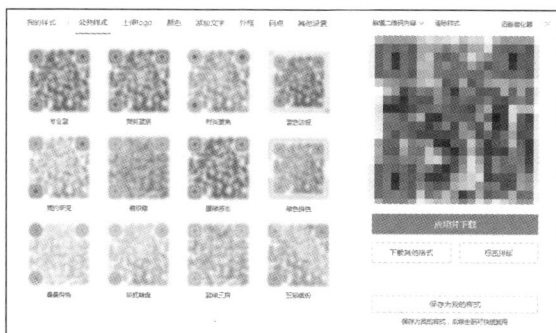

图 1-72　"公共样式"弹窗

第五步：返回"生成跳转活码"页面，继续对二维码下方的"码制""容错""尺寸"选项进行设置。完成设置后，单击二维码下方的"下载图片"选项，即可将已完成美化的动态二维码保存至指定文件夹中。

实战训练

请保存一张自己的微信个人号二维码图片，使用草料二维码网站对二维码进行美化。

思考与练习 ●●●●

1．你知道哪些可以制作封面图的工具？请尝试使用某一种工具为学院官方公众号设计一张封面图。

2．请尝试为自己制作一张个人宣传海报。

3．信息长图的事前构思包含哪些环节？

4．请列举图标的 5 个应用场景。

第 2 章
新媒体图文排版技能

新媒体图文内容的排版，是图片与文字的排列美学。新媒体图文内容的视觉呈现效果是否良好，将直接影响用户的阅读体验。新媒体运营者应熟练掌握图文排版技能，善于突出关键信息，以及把握图文内容的整体呈现效果。本章将主要介绍新媒体图文排版的基本原理与工具应用。

2.1 图文排版的要素与技巧

文字是新媒体内容的重要组成部分，以文字为中心的图文排版已经成为一项专业技能。图文排版看似简单，实则复杂。一个完善的图文排版方案需要新媒体运营者综合考虑文字数量、文字内容、应用场景、产品定位、品牌风格，以及正文与图片之间的联系、标题与正文之间的关系、用户的阅读偏好等多种因素。

2.1.1 基础排版

基础排版即文字排版，这是一项综合性的技能。新媒体运营者在微信公众号、微博、今日头条、小红书等新媒体平台发布文字内容时，需要综合考虑多种因素，方可设计出最优的排版方案。此处以微信公众号文章为例，详细介绍新媒体内容的基础排版构成要素及排版技巧。

除了微信公众号自带的编辑功能以外，135 编辑器、i 排版、新榜、秀米等第三方编辑器也为微信公众号内容的基础排版提供了诸多功能和服务。

1. 字体

每种字体都有其固有的风格。新媒体运营者需要综合考虑图文内容、发布渠道、产品风格、字体的易读性等因素，选择合适的字体。有时，为了突出重要的结构和内容，新媒体运营者还应同时采用多种字体。即便需要使用多种字体，字体的类型也不应超过 3 种，否则容易使内容显得花哨和杂乱。

常见的字体类型包括衬线体和无衬线体。

衬线是指笔画的开始、边缘、结尾的地方有额外装饰的部分。衬线体可以凸显笔触的末端，提高字体的辨识度，提升用户的阅读速度。与无衬线体相比，衬线体更为正统，多见于中、英文书籍和杂志的正文部分。常见的衬线体有宋体、Georgia、Times New Roman，如图 2-1 所示。为凸显字体差异，图中文字均为加粗显示。

相较于衬线体，无衬线体则省略了笔画边缘的修饰部分。常见的无衬线体有 Arial、Verdana，如图 2-2 所示。为凸显字体差异，图中文字均为加粗显示。

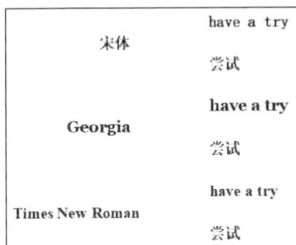

图 2-1　3 种不同的衬线体

图 2-2　2 种不同的无衬线体

2. 字号

字号决定了文字的大小。字号、磅（Point，pt）是目前较为常用的文字大小的计量单位。像素（Pixel，px）是分辨率的计量单位，也可以用于计量文字的大小。我国用户习惯使用字号和像素这两种计量单位。不同的字号对应的磅与像素的值不同。不同字号计量单位的换算如表 2-1 所示。

表 2-1　不同字号计量单位的换算

中文字号	磅	像素
初号	42pt	56px
小初	36pt	48px
一号	26pt	34.7px
小一	24pt	32px
二号	22pt	29.3px
小二	18pt	24px
三号	16pt	21.3px
小三	15pt	20px
四号	14pt	18.7px
小四	12pt	16px
五号	10.5pt	14px
小五	9pt	12px

中文字号	磅	像素
六号	7.5pt	10px
小六	6.5pt	8.7px
七号	5.5pt	7.3px
八号	5pt	6.7px

微信公众号文章中让用户感觉较为舒适的字号为 15px，如图 2-3 所示。该字号应用较广，但新媒体运营者仍需根据文章的具体要求自行设置合适的字号。

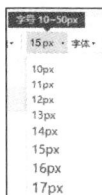

3. 颜色

文章内容中的颜色主要包含字体颜色和背景颜色。一方面，恰当的背景颜色有助于突出内容；另一方面，不同的颜色带给用户的视觉体验也不同，恰当的字体颜色可以起到营造阅读氛围的作用。

图 2-3　字号设置选项

（1）字体颜色

字体颜色应与背景颜色形成对比，浅色背景搭配深色字体、深色背景搭配浅色字体是基本的配色原理。不过，纯黑色字体显现于白色背景之中，会形成过于强烈的色彩对比，反而容易使用户产生视觉疲劳。白色背景搭配深灰色字体有利于形成更舒适的视觉感受。

（2）背景颜色

背景颜色与字体颜色形成显著反差，可以对用户造成较强的视觉冲击。强烈的对比可以凸显作品的个性与创意。例如，许多海报文案选用黑底白字，或饱和度高的蓝底红字。不过，对于篇幅较长的文章内容而言，背景颜色与字体颜色的协调尤为重要，浅色背景搭配深色字体是更为常见的配色方案。

4. 字间距

调整字间距的主要目的是确保字符之间的空间美感，创建优美的文本序列。合适的字间距可以成就更好的设计效果。微信公众号后台支持字间距的设置，如图 2-4 所示。

5. 行间距

图 2-4　字间距设置选项

行间距是文字内容上下行之间的距离。合理的行间距有利于提升文章的整体美感，便于用户快速阅读。大部分应用的系统默认行间距为单倍行距，但是单倍行距的正文容易显得拥挤，建议新媒体运营者将正文的行间距设置为 1.5 倍或 1.75 倍。微信公众号后台支持行间距的设置，如图 2-5 所示。

6. 段间距

段间距是文字内容的段落与段落之间的距离。合理的段间距便于用户有效地区分上下段，并形成阅读缓冲区，减少大段文字带给用户的阅读压迫感。段间距分为段前距和段后距两部分。微信公众号后台支持段间距的设置，如图 2-6 所示。

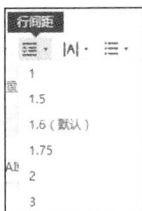

图 2-5　行间距设置选项

图 2-6　段间距设置选项

7. 页边距

页边距是指页面中文字两端与页面边缘之间的距离。恰当的页边距能够形成视觉上的留白与平衡效果。微信公众号后台的页边距默认设置为两端缩进，如图 2-7 所示。

8. 对齐方式

对齐方式应符合用户的阅读习惯。4 种常见的对齐方式为左对齐、居中对齐、右对齐、两端对齐。微信公众号后台支持对齐方式的设置，如图 2-8 所示。

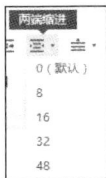

图 2-7　页边距设置选项

图 2-8　对齐方式设置选项

▶▶▶ 2.1.2　图文排版

一些时事分析和资讯播报类的新媒体文章的信息密度往往较大，此类文章较少出现图片，以长篇幅的纯文本内容居多。不过，为了调整用户的阅读节奏、增强文章的可读性，一般的新媒体文章多在文字段落之间穿插图片，以免出现信息密度过大的情况。图文的合理组合可以使文章内容更加有趣与生动，也有利于提升文章的吸引力。但图文不能随意组合，图文排版应遵循一定的排版技巧与美学常识。

图文排版主要分为单图配文与多图配文两种情况。

1. 单图配文

单图配文是最常见的图文排版方式之一，单图拥有更好的主视觉传达效果，内容整体显得更为简洁、明晰。常见的单图配文方式有上图下文（见图 2-9）、左图右文（见图 2-10）或右图左文。

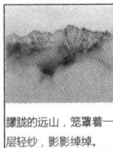

图 2-9　上图下文

图 2-10　左图右文

新媒体运营者在使用单图配文时，应考虑图片本身的宽高比例。一般而言，上图下文的方式更符合用户的阅读习惯。但是，如果是高度大于宽度的竖版图片，则不适宜使用上图下文的排版方式，而应将竖版图片放置于文字的左侧或右侧，以使页面的格局更为自然。新媒体运营者采取左图右文或右图左文的方式，可以让用户快速了解图片与文字的对应关系。

2. 多图配文

相较于单图配文，多图配文的排版更加复杂。如果运用不当，多图配文的方式反而容易使内容显得杂乱无章、毫无美感；如果运用得当，多图配文的方式则可以营造更高级的并列、递进、错落等美感。

新媒体运营者可以尝试使用以下几种多图排列方式为多图配文内容增加美感。

（1）多图整齐排列

整齐排列的图片具有秩序感，是最普通且最容易营造良好视觉效果的多图排列方式。新媒体运营者只需注意使图片大小和图文排版风格保持一致，如图 2-11 所示。

（2）多图对比排列

新媒体运营者使用这一排列方式时，可以选用多张大小不一的图片，在留白处插入文字内容，以营造一种对比突出和错落有致的视觉效果。多图对比排列需要考虑版面的整体重心，不宜使用较大的图片，也不宜将图片与文字集中放置于页面的同一侧，否则会导致画面失衡、丧失美感。多图对比排列如图 2-12 所示。

（3）多图错位排列

多图错位排列是将同类型的图片刻意错开位置，或者将图片与文字的位置互换，给用户以突破格局的创意与动感。为了避免对用户的阅读造成负面影响，多图错位排列设计需要遵循统一的视觉规律，以保证用户正常的阅读顺序。多图错位排列如图 2-13 所示。

图 2-11　多图整齐排列　　　图 2-12　多图对比排列　　　图 2-13　多图错位排列

▶▶▶ 2.1.3　适当优化排版

在遵循以上图文排版规则的基础上，新媒体运营者还可以对文字与图文内容进行适当优化。优化排版主要有以下两个目的。

第一，突出品牌形象。富有创意和特色的排版能给用户留下深刻的"第一印象"，进而让用户快速熟悉品牌风格，并对品牌形成好感。

第二，促进转化。好的排版设计有利于突出内容重点，帮助用户更好地接收和理解图文内容传递的信息和理念。对于含广告信息的推广文案而言，优化排版可以有效引导用户做出相应的动作，如关注、转发、点赞、购买等，从而有效提升推广文案的数据表现。

1. 文字排版优化

常见的文字排版优化内容包括顶部关注、底部引导、内容强调等。

（1）顶部关注

用户打开新媒体文章后，如果入眼的全是密集的文字，往往会倍感压力。因此，新媒体运营者可以在文章标题之后、正文之前增加引导关注的图片或文字，使用轻松友好的语气，提醒用户先关注账号再继续阅读正文，如图 2-14 所示。这样既有利于缓解用户的阅读压力，又能起到引导用户关注账号的作用。

（2）底部引导

与顶部关注类似，如果微信公众号文章的底部除了正文结尾外别无他物，则容易给用户以生硬、突兀之感，不利于用户的留存和转化。因此，新媒体运营者可以在文章底部加入引导，如图 2-15 所示。常见的底部引导包括关注微信公众号、提醒阅读原文、引导相关阅读等。

（3）内容强调

如果用户打开新媒体文章后，无法快速找到自己感兴趣的内容或文章的重点，就很可能关闭页面、放弃阅读。因此，新媒体运营者必须对文章中的重要内容进行强调，以便用户快速关注和阅读。常用的内容强调方法包括加粗、变色、加文本框、加下划线、更改样式等。对重要内容进行加粗和变色处理的微信公众号文章截图，如图 2-16 所示。

图 2-14　微信公众号顶部关注　　图 2-15　微信公众号底部引导　　图 2-16　微信公众号文章中的内容强调

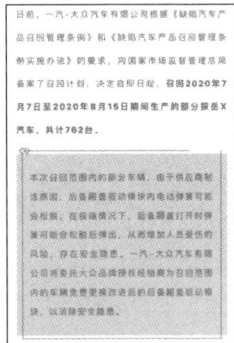

2. 图文排版优化

常见的图文排版优化方式有以下几种。

（1）美化小标题用图

文章中的小标题起着突出文章结构的重要作用，善用小标题可以强化文章的结构层次。好的小标题语言简洁、有力、抓人眼球，可以使文章内容环环相扣、条理分明，有助于提高文章完读率。

小标题既可以通过纯文字形式呈现，也可以通过图文结合形式呈现。图文结合的小标题可以与标题下方的正文形成对比，减少纯文本阅读的枯燥感，如图 2-17 所示。新媒体运营者可以自主设计小标题模板，也可以直接使用微信公众号文章第三方编辑器自带的小标题模板。

（2）美化正文用图

除了小标题的美化外，新媒体运营者还可以对正文中的图片进行美化，使文章的整体呈现效果更加生动、饱满。正文中的图片有以下两种常用的美化方式。

第一种方式是将图片变形或加入装饰性的边框。在图文内容中，原图片中多余的部分被去除，只留下圆形部分，如图 2-18 所示。一方面，圆形轮廓的图片可以与常规的矩形轮廓图片区别开来，更显别致；另一方面，相较于矩形，圆形产生的留白更多，可以呈现更清爽、简洁的排版效果。

第二种方式是添加装饰性的矢量图标、创意图案等点缀元素，如图 2-19 所示。过多的图标、图案容易使画面显得杂乱，因此新媒体运营者需遵循以下两点原则：一是勿喧宾夺主，元素不可过多或过于花哨；二是注意所选用元素与文本内容、配图主体颜色的协调性。

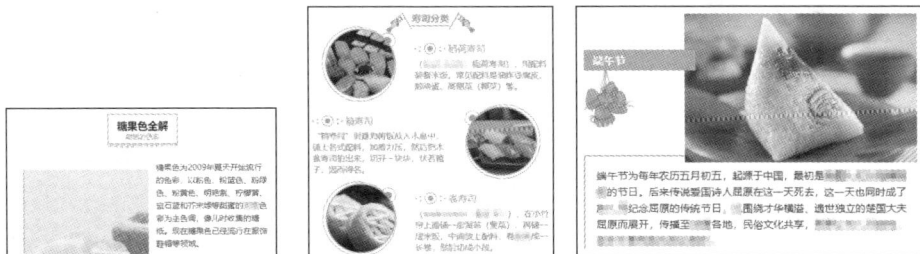

图 2-17　图文结合的小标题　图 2-18　图片的变形使用　图 2-19　标题下粽子图案的使用

（3）增强图片内文字的拼读流畅性

文字是重要的信息来源，保证文字的拼读流畅性也是图文排版的重点之一。在进行图文交互排版时，新媒体运营者应注意使图片中插入的文字内容不被遮盖、不会模糊且拼读的流畅性不被影响。

以插入英文单词的图片为例，如果英文单词字母的字间距过大，则会妨碍用户快速拼读，如图 2-20 所示；如果英文单词字母的字间距适中，则更便于单词发挥传递信息的作用，帮助用户快速识别内容，如图 2-21 所示。

图 2-20　字间距过大的呈现效果

图 2-21　字间距适中的呈现效果

（4）保持图文的对应性

在图文排版过程中，各内容板块之间的间隔会影响其对应性。如果文章的标题板块、正文板块与图片板块的间隔不明显，当同时出现多张图片、多段文字时，用户识别各板块对应性的难度将大幅提升。

当标题与正文的间隔完全一致，且两张图片的间隔较小时，用户往往难以快速分辨标题、正文与图片的对应性，如图 2-22（a）所示；如果缩小同组标题与正文的间隔，扩大两组图文板块的间隔，则可以使画面中两组图文的对应性更加明显，如图 2-22（b）所示。

（a）

（b）

图 2-22　图文的对应性对比

除了调整不同图文板块的间隔外，新媒体运营者还可以通过给同组图文板块增加边框或添加相同背景颜色的方式，增强图文的对应性，如图 2-23 所示。

（5）适度留白

留白并非随意地留出空白。新媒体运营者在制造图文内容的留白时，应注意元素之间的连续性。适度留白可以使内容更具"呼吸感"，使用户的阅读感受更好。同时，适度留白也能使内容张弛有度，更具美感。

留白通常分为以下两种。

一种是左右侧的留白。过于拥挤的版面会使用户产生不适感，因此版面左右侧需要留出适当的空间。版面左右侧的留白可以通过页边距的设置进行调整。

另一种是段落间的留白，如图 2-24 所示。段落间的留白既可以避免因内容拥挤而影响排版的美感，又便于提示用户本段内容到此结束，从而有效调整用户的阅读节奏。段落间的留白可以通过段间距的设置进行调整。

图 2-23　增加边框以增强图文的对应性

图 2-24　段落间的留白

▶▶▶ 2.1.4　避免过度排版

适度排版可以带给用户更好的阅读体验，但过度排版则有可能影响用户快速理解文章内容，过于复杂的排版甚至会引起部分用户的反感。典型的过度排版表现包括以下几种。

1. 使用动态背景

常见的动态背景有漫天飘落的雪花（见图 2-25）、不断燃放的焰火、循环游过的小鱼等。在 H5 或祝福贺卡中加入此类动态背景，可以为内容增加趣味性，但在新媒体文章中加入动态背景，则容易导致用户的目光随背景而动，影响其正常阅读。

2. 颜色过多

一篇文章中的文字颜色应不超过三种。过于强烈的多颜色对比，只适合短时间阅读的内容形态，如海报、App开屏广告等。对长篇幅的新媒体文章而言，颜色过多容易令用户产生不适感，也不利于用户分辨哪种颜色的内容为重点内容。

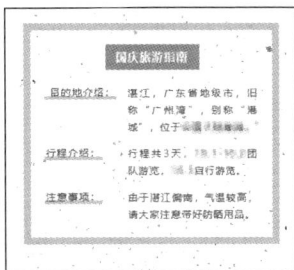

图 2-25　动态的雪花背景

3. 图片过多

图片过多也是一种过度排版的表现。大量的图片占据版面，反而会破坏文字的连贯性，妨碍用户获取文章中的关键信息。除非是特定的需要展示大量图片的文章，否则一般情况下，新媒体运营者应避免在文章中放入过多图片。

4. 风格不定

新媒体账号发布的文章一般有其惯用的排版风格，偶尔更换风格能令用户耳目一新。然而，如果新媒体运营者频繁地更换排版风格，推送的每一篇文章的字体、背景颜色、设计元素、分割线样式等都不相同，则难以让用户对账号产生记忆点。

固定排版风格，可以更好地统一品牌形象，提升账号的辨识度。图 2-26 所示为某新媒体账号发布的排版风格统一的图文内容。

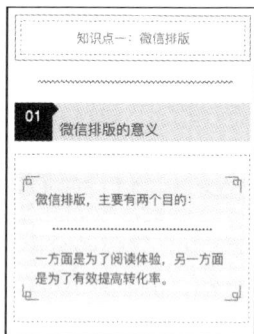

5. 样式繁杂

新媒体文章编辑器为新媒体运营者提供了大量样式模板。需要注意的是，样式模板的使用求精而不求多。新媒体文章中如果堆砌过多的线条、边框、箭头等样式，反而容易喧宾夺主，影响实际效果。内容使用了过多的线条和边框样式，如图 2-27 所示。

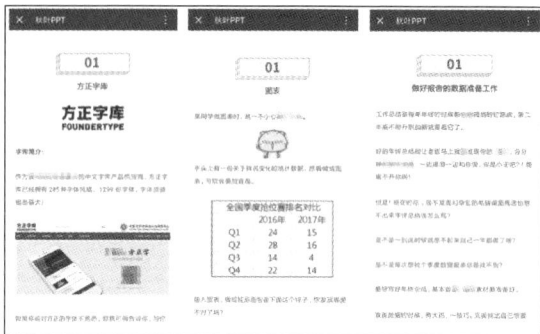

图 2-26　某新媒体账号发布的排版风格统一的图文内容　　图 2-27　样式繁杂的示例

图文排版是一项十分细致的工作，好的图文排版具有一定的艺术欣赏价值。正因为图文排版所涉及的细节较多，所以并不存在任意场景下均可套用的万能排版风格。新媒体运营者无论采取何种排版风格，都必须首先确保排版后的内容便于用户浏览且重点突出，不能为了追求标新立异而忽视内容的连贯性和节奏感。

2.2　排版编辑器与插件的应用

许多企业均开发了服务于某些新媒体内容平台的第三方排版编辑器，并为新媒体运营者提供了多种排版功能与服务。这些图文排版功能与服务，可以大幅提升新媒体运营者的图文排版效率。新媒体运营者可以先使用第三方排版编辑器完成图文排版，再将图文内容同步至新媒体内容平台的图文编辑后台中。

相较于其他新媒体平台，微信公众平台的用户基数更大，微信公众号图文排版的需求更大。而其他内容面向的新媒体平台，如今日头条、微博等，其图文排版的操作空间较小。因此，市面上的第三方排版编辑器大多将微信公众平台作为重点服务对象。

排版插件能够通过浏览器对微信公众号后台功能进行增强，排版插件同样支持微信公众平台。此类插件可以帮助新媒体运营者直接在微信公众号后台进行图文编辑。

下面将介绍常用的第三方排版编辑器——135 编辑器，以及常用的排版插件——壹伴的常用功能与应用。

▶▶▶ 2.2.1 135 编辑器

135 编辑器是提子科技旗下的运营辅助产品，其主要功能为图文内容排版，主要使用场景为微信公众号图文排版、邮件排版等；除此之外，它还可以对接其他新媒体平台，如百家号、头条号（有一定概率产生图文内容不兼容的问题）。该款编辑器的优点在于编辑器提示较多、易操作，延伸功能较为全面，如编辑器有多种样式的模板、丰富的图片素材等，并提供一键配图等自动化功能。

1. 135 编辑器的主要功能

通过 PC 端浏览器搜索关键词"135 编辑器"，进入其官方网站，注册并登录网站首页，进入编辑页面。

编辑页面主要分为五大功能板块，包括"上方导航栏""左侧菜单栏""样式选区""编辑界面""右侧功能栏"，如图 2-28 所示。

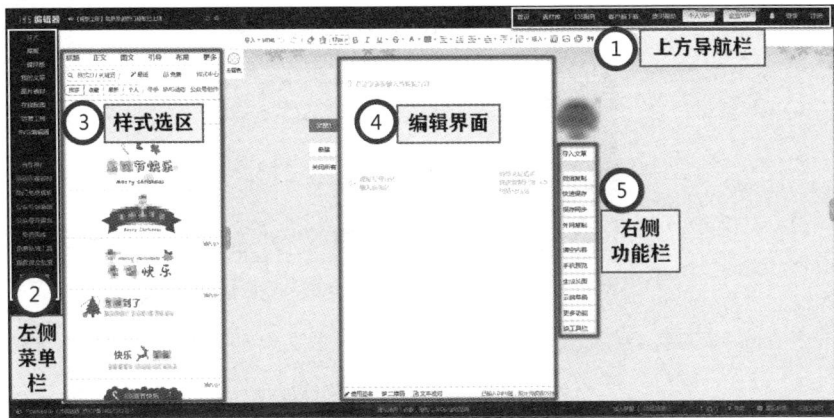

图 2-28　编辑页面功能板块

五大功能板块分别有不同的功能。

（1）上方导航栏

"上方导航栏"显示的是 135 编辑器提供的各项服务，包括"素材库""135 服务""客户端下载""使用帮助"等选项。

（2）左侧菜单栏

"左侧菜单栏"为素材分类菜单，包括"样式""模板""一键排版""我的文章""图片素材"等选项。其中的素材分为付费和免费两种，新媒体运营者可以根据需要自行选择。

（3）样式选区

新媒体运营者可以单击"样式选区"中的任一素材并预览其效果，也可以直接选中某个素材并将其拖曳至"编辑界面"。

（4）编辑界面

"编辑界面"是编辑正文内容的区域，其基本结构和微信公众号后台保持一致，上方是功能菜单，支持调节文本属性、段落属性等。同时，"编辑界面"也支持新媒体运营者直接对选中的素材进行编辑，如更改模板中的文本、图片内容等。

（5）右侧功能栏

"右侧功能栏"主要提供文章的添加、输出、保存等功能。新媒体运营者可以通过"右侧功能栏"进行"导入文章""微信复制""快速保存""保存同步""外网复制"等操作。

2. 135编辑器的功能应用

135编辑器的功能丰富，操作也较为简单，可以帮助新媒体运营者进一步优化图文的排版效果。

（1）样式套用

135编辑器拥有丰富的样式素材。单击页面"左侧菜单栏"中的"样式"选项，"样式选区"中即显示"标题""正文""图文""引导""布局"等不同类型的样式，如图2-29所示。

图2-29 "样式"选项中的不同样式类型

通过135编辑器，新媒体运营者可以进行一般图文内容的样式编辑，具体操作步骤如下。

第一步：单击"左侧菜单栏"中的"样式"选项，继续单击"样式选区"上方的"正文"选项，从众多正文样式中选定合适的样式素材。

第二步：将待编辑的文字复制至"编辑界面"中，如图2-30所示。

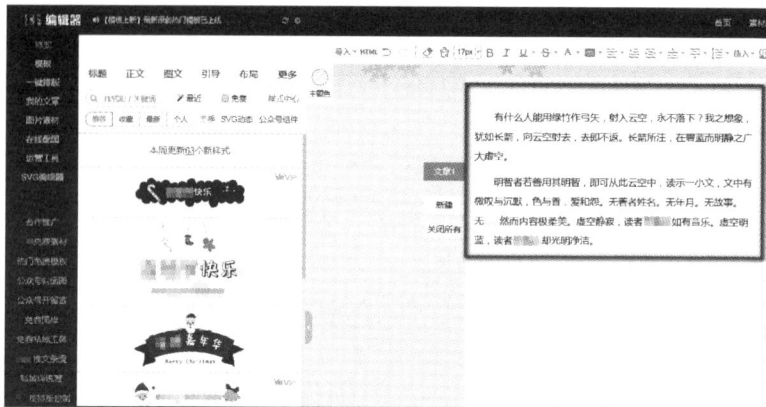

图2-30 复制文字至"编辑界面"

第三步：在"编辑界面"中选中一段文字，如图 2-31 所示。

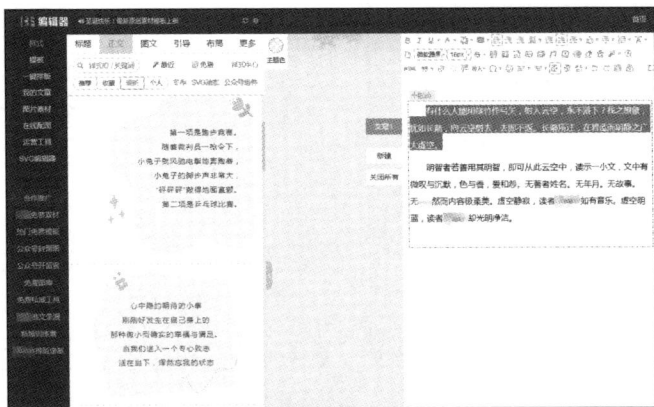

图 2-31　选中文字

第四步：单击之前选定的"正文"样式素材，"编辑界面"中被选中的文字即可呈现与样式素材相同的效果，如图 2-32 所示。

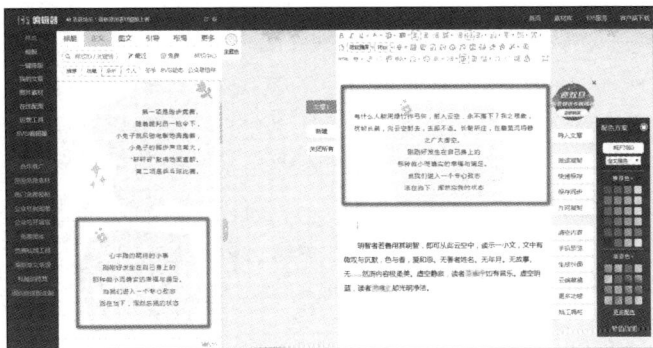

图 2-32　套用样式

（2）模板使用

除去单一样式的套用，135 编辑器还支持模板的"整套使用"，模板大多由一套完整的标题样式、正文样式、配图样式组合而成，整体视觉效果统一。

第一步：单击 135 编辑器"左侧菜单栏"中的"模板"选项，即可进入"模板中心"。

第二步：将鼠标指针放在选定的模板上，若模板为付费模板，则单个模板图标上会显现"购买""预览""收藏"3 个选项；若模板为免费模板，则单个模板图标上会显示"预览""收藏""分开使用""整套使用"4 个选项，如图 2-33 所示。

第三步：此处选择使用免费模板进行后续的操作演示，单击选中免费模板图标上的"整套使用"选项，则该套模板将完整出现在"编辑界面"中。新媒体运营者可以继续在"编辑界面"中将待编辑的文字复制至对应的样式素材里，快速完成一篇文章的整体排版，如图 2-34 所示。

图 2-33　模板功能

图 2-34　整套模板使用示例

在进行排版时，新媒体运营者可以将单个样式素材和整套模板素材进行提炼和灵活组合。

（3）素材编辑功能

除了套用样式与模板外，新媒体运营者还需要利用各种编辑功能面板，对"编辑界面"中的文字和图片进行调整和优化。

① "全局样式"功能面板

单击"编辑界面"文字区域的任意位置，即出现左上角写有"全局样式"字样的功能面板，如图 2-35 所示。新媒体运营者可以利用此面板调整内容的整体宽度比、转角度与透明度，对内容进行整体复制、剪切或选中；同时，新媒体运营者还可以利用上移、下移选项对不同的样式素材进行位置调换。

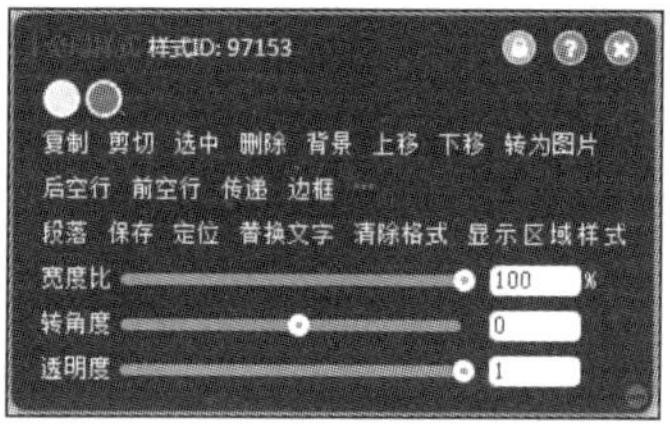

图 2-35　"全局样式"功能面板

② "文本"功能面板

选中"编辑界面"中的任意一段文字，即出现左上角写有"文本"字样的功能面板，如图 2-36 所示。"文本"功能面板上有字体、字号、加粗、对齐方式等文字排版的基础功能选项，便于新媒体运营者对样式素材里的文字内容进行调整。

③ "图片"功能面板

单击"编辑界面"中的任意一张图片，即出现左上角写有"图片"字样的功能面板，如图 2-37 所示。"图片"功能面板包含宽度、对齐、编辑美化、删除等图片编辑的基础功能，便于新媒体运营者对样式素材里的图片内容进行调整。

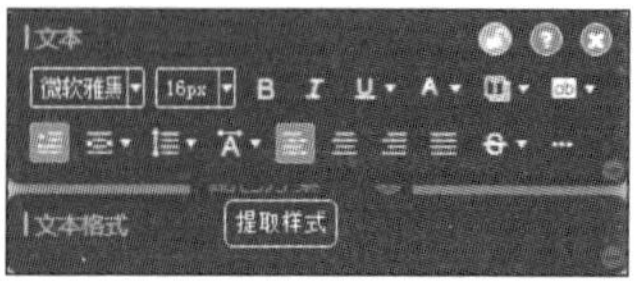

图 2-36　"文本"功能面板

图 2-37　"图片"功能面板

④ "多图上传"图片编辑页面

如果新媒体运营者对所编辑内容中的某张图片不满意，双击该图片，打开左上角写有"多图上传"字样的图片编辑页面，即可通过该页面重新上传其他的本地或在线图片，或对现有图片进行裁剪、旋转等操作，如图 2-38 所示。

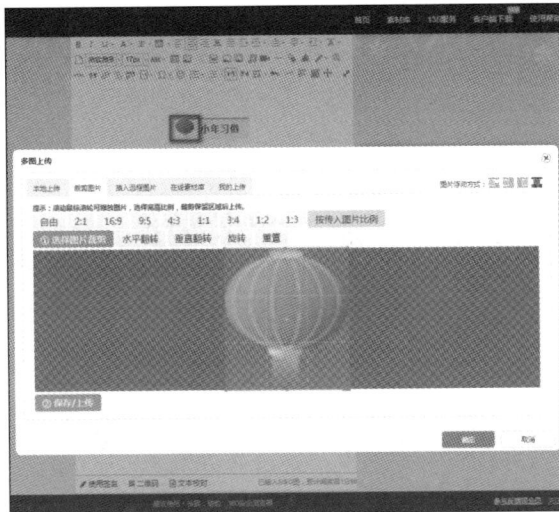

图 2-38 "多图上传"图片编辑页面

▶▶▶ 2.2.2 壹伴

壹伴是一款 PC 端的微信公众号内容管理插件。安装该插件后，新媒体运营者即可直接在微信公众号后台使用插件提供的功能，无须跳转至第三方编辑器。新媒体运营者可以使用壹伴快速完成微信文章的一键排版、样式素材搭建，还可以进行修图、配图、找表情包、找素材、批量回复消息、采集文章、采集图片和视频等操作。壹伴的大部分功能需要付费使用，新媒体运营者可以酌情选用。

1. 壹伴的下载与安装

壹伴与 PC 端的主流浏览器均适配，如图 2-39 所示。通过 PC 端浏览器搜索关键词"壹伴"，登录其官方网站，根据浏览器提示下载安装该插件，插件安装完成即可直接使用。在安装插件的浏览器中打开微信公众号后台，即可使用插件提供的功能。

图 2-39 壹伴支持的浏览器

2. 壹伴的常用功能

壹伴的部分功能和前文提到的 135 编辑器的功能类似，如模板与样式的使用（壹伴同样支持模板的整套使用与分开使用）、文字和图片的快捷编辑等。此处介绍壹伴的两大常用功能。

（1）一键排版

安装壹伴后，微信公众号后台的图文编辑页面会新增一行编辑功能栏，如图 2-40 所示，其中"一键排版"是壹伴的经典功能。

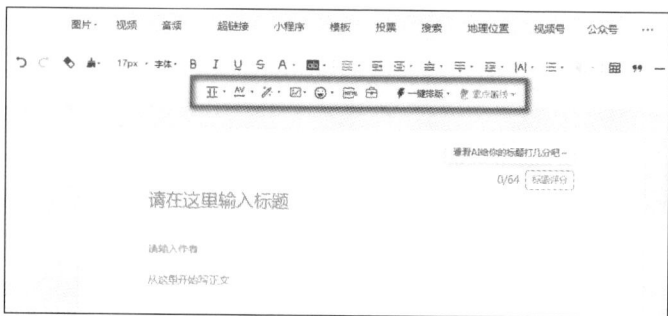

图 2-40　新增编辑功能栏

在微信公众号后台的图文编辑页面添加文章内容后，单击"一键排版"选项，在新弹出的下拉菜单中选择"新建模板"选项，如图 2-41 所示，即弹出"一键排版"弹窗。"一键排版"弹窗可分为三大板块——左侧的"模板类型"、中间的"样式选区"和右侧的"样式导入区"，如图 2-42 所示。

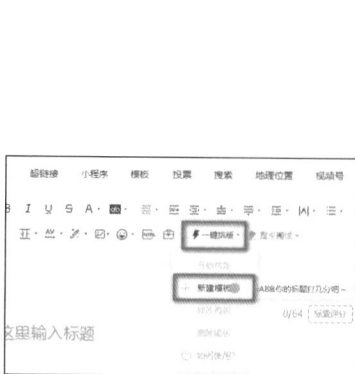

图 2-41　选择"新建模板"选项

图 2-42　"一键排版"弹窗

具体的排版操作步骤如下。

第一步：单击"模板类型"中的"顶部签名"选项，在"样式选区"选中一款顶部签名模板样式，单击"样式导入区"中的"导入样式"选项，即可将选中的顶部签名模板样式导入"样式导入区"，如图 2-43 所示。

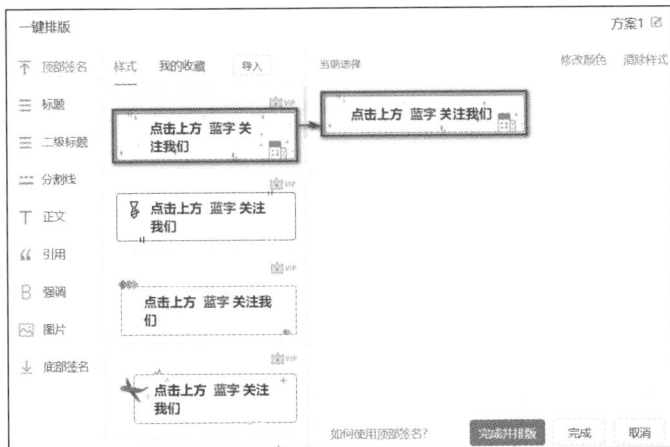

图 2-43　导入顶部签名模板样式

第二步：参照第一步的方法，分别单击"模板类型"中的"标题""二级标题""正文""图片""底部签名"等选项，将选定的模板样式导入"样式导入区"。

第三步：完成模板样式导入后，单击"一键排版"弹窗右下方的"完成并排版"按钮，保存选定的模板样式，返回微信公众号后台的图文编辑页面。

第四步：返回图文编辑页面后，顶部签名和底部签名已直接套用导入的模板样式，一级标题、二级标题、正文等模板样式则无法直接套用。生成的一键排版样式如图 2-44 所示。

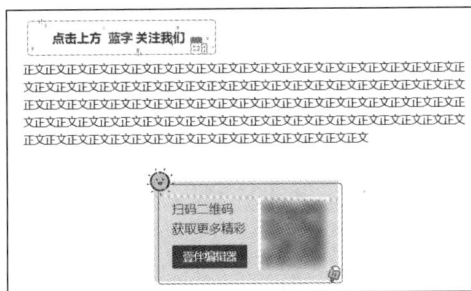

图 2-44　生成的一键排版样式

第五步：一级标题、二级标题、正文的模板样式需要根据"一键排版"的输入规则，在对应的文字内容前端输入相应的字符，方能被系统识别并套用模板样式。若需将某段文字内容设置为标题，则需在该段文字内容前端输入"#"及一个空格符号，具体的示例为"# 这是一个标题"。二级标题的设置同理，在相应的文字内容前端输入"##"及一个空格符号，具体的示例为"## 这是一个二级标题"。如果需要添加分割线，输入 3 根短横线"---"即可，如图 2-45 所示。

第六步：根据"一键排版"的输入规则完成正文的字符添加后，依次单击图文编辑页面顶部编辑功能栏中的"一键排版"—"开始排版"—"模板方案"选项，图文编辑页面中的文字内容便可按照新媒体运营者之前所保存的"一键排版"模板样式，生成新的排版内容，其效果如图 2-46 所示。

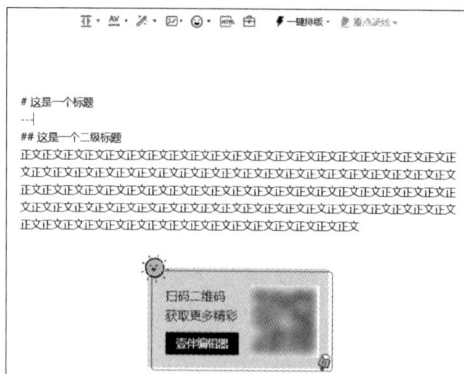

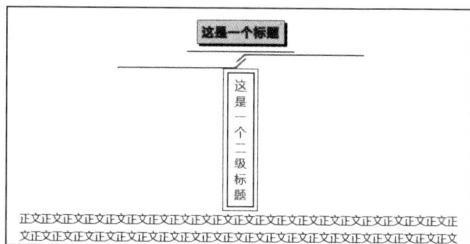

图 2-45 "一键排版"的输入规则示例　　　　图 2-46 "一键排版"的效果示例

"一键排版"功能有两大优点。第一，模板样式一旦保存即可反复使用，新媒体运营者根据账号风格提前搭配"一键排版"的模板样式后，便可将该模板样式快速复用于多篇文章中。"一键排版"既有利于提升排版效率，又有利于保持公众号文章排版风格的统一；第二，"一键排版"独特的排版模式可以帮助新媒体运营者保持文字创作的连贯性，新媒体运营者可以先进行文字内容的编辑，再通过"一键排版"完成文章各板块样式的整体套用。

（2）样式与图文采集

壹伴的另一个常用功能是对其他公众号文章的样式与图文进行采集。

第一步：使用安装了壹伴插件的浏览器打开其他的公众号图文内容页面，则该页面的右侧会自动出现"壹伴图文工具箱"功能选项，如图 2-47 所示。

图 2-47 "壹伴图文工具箱"功能选项

第二步：单击"壹伴图文工具箱"中的"采集样式"或"采集图文"选项，页面中即出现一个矩形选框。新媒体运营者可以通过拖曳的方式确定样式或图文的采集区域，单击矩形选框右下方的"复制"选项，即可完成样式或图文的采集，如图 2-48 所示。

第三步：采集成功后，新媒体运营者返回自己的微信公众号后台的图文编辑页面，使用"Ctrl+V"组合键，即可将所采集的样式或图文粘贴到公众号内容中，如图 2-49 所示。

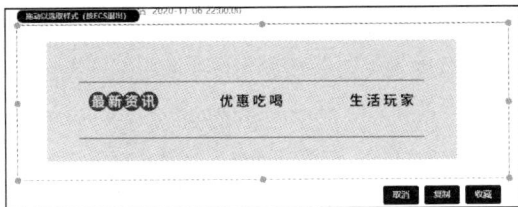

図 2-48　样式采集示例　　　　　図 2-49　所采集样式的使用

通过壹伴的采集功能，新媒体运营者可以采集到更多不同文章中的优秀样式和图文素材，提升素材收集效率。

实战训练

请使用本节介绍的编辑器或插件对自己的微信公众号图文内容进行排版。

2.3　创意图文排版

图文排版的创意不仅体现于新媒体文章的版面优化，还体现于各类传播素材的设计优化，如宣传海报中的创意字、商务演示文稿中的创意文字云等。

▶▶▶ 2.3.1　创意字的设计

创意字是文字在传播和应用过程中形成的一种变种文字形式。创意字设计是新媒体运营者在文字基本形状的基础上，通过对文字含义的理解，将文字的含义与形状进行结合的设计方式。创意字的设计需要遵循"字""形""意"三者相结合的原则。

"字"是指创意字所表达的内容含义。

"形"是指创意字的形状，包含使用什么字体或设计成什么形状的字体。"形"需要与"字"相关联，即"形"的设计要符合"字"的传达。

"意"是指创意字所表达的意境，是创意字设计中最具创意的部分。

创意字的设计考验着新媒体运营者对文字形状的驾驭能力和对文字内涵的理解能力，简单的创意字作品往往能产生不俗的效果。

创意字常用于品牌 Logo 及海报等物料。淘宝、京东的品牌创意字 Logo 如图 2-50 所示，字体标志本身即为品牌名称，视觉效果直观。

图 2-50　淘宝、京东的品牌创意字 Logo

创意字在海报中使用更能突出其特点。某海报中的文字被设计为形似"最强"的字样，如图2-51（a）所示。当用户倒转该海报查看，形似"最强"的字样则变成形似"战场"的字样，如图2-51（b）所示。这种巧妙的设计能够加深用户对海报的印象。

（a）

（b）

图2-51　创意字海报

创意字的主要设计工具是Photoshop与Adobe Illustrator。创意字设计作为一项艺术性工作，并没有详细、固定的步骤，新媒体运营者可以根据自己对创意字的不同理解，设计出不同效果与风格的创意字。

▶▶▶ 2.3.2　创意文字云的制作

创意文字云是一种将文字和图形相结合，通过图形化排版表达某个概念或形象的信息呈现方式。

1. 创意文字云的组成

创意文字云由文字和图形两部分组成，文字是与主题相关的诸多关键词，图形是以主题为核心的相关图片。文字和图形在表达内容和形象展示上互为补充，由此形成一种新型的文字处理技巧。

图2-52所示为"新媒体运营"相关的创意文字云。其中，文字部分为"新媒体运营"相关关键词，如"新媒体""技能""微博""策划""案例分析"等，图形部分为一名女性的人物形象轮廓。将人物形象轮廓与"新媒体运营"相关关键词进行结合，便形成了一个创意文字云。

2. 创意文字云的呈现形式

（1）文字决定呈现主题

文字是创意文字云的核心信息。创意文字云中包含大量的关键词，这些关键词信息紧紧围绕着某一主题。文字对主题的描述越详细，越能突出该主题。例如，做一个与"大学生"相关的创意文字云，"大学生"即是创意文字云要表现

图2-52　"新媒体运营"相关的创意文字云

的主题，与"大学生"相关的关键词包括留学、学习、考试、社团、学生会、图书馆、食堂、寝室……

（2）图形决定呈现创意

图形是创意文字云的升华部分，创意文字云的主题需要通过具体的图形进行直观展示。创意文字云的图形可以分为文字图形、形象照片、地图、Logo 等。以"大学生"为例，新媒体运营者可以选择抱着书的学生、其他有活力的年轻人等相关相片作为创意文字云的图形素材。相较于多人相片，使用单人相片生成的创意文字云的轮廓会更加清晰。

3. 创意文字云的制作实操

此处以图文编辑网站——微词云为例，详细讲解创意文字云的制作方法。该网站包含丰富的创意文字云形状模板、字体样式等，新媒体运营者可以通过付费形式使用。

第一步：通过 PC 端浏览器搜索关键词"微词云"，进入其官方网站，注册并登录。

第二步：单击网站首页的"开始创建"按钮，如图 2-53 所示。

图 2-53 单击微词云网站首页的"开始创建"按钮

第三步：进入创意文字云编辑页面，该页面主要分为"左侧菜单栏""样式选区""效果预览区"三大板块，如图 2-54 所示。

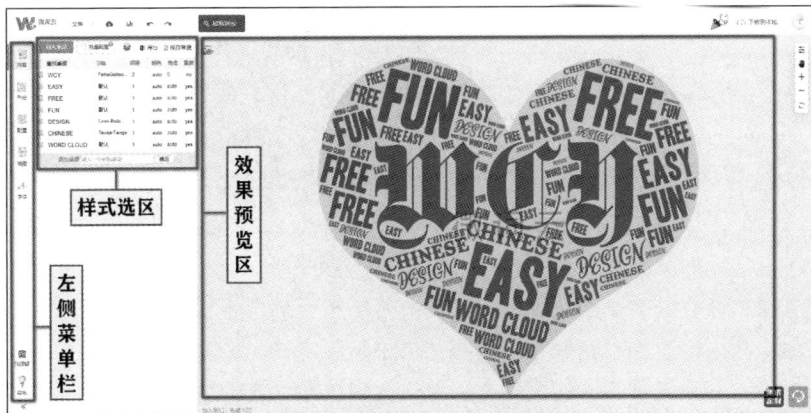

图 2-54 创意文字云编辑页面

第四步：单击"左侧菜单栏"中的"形状"选项，从中选择合适的图形，单击该图形，该图形将显示于"效果预览区"。此处以一个"人物盘腿看书"的图形为例，如图 2-55 所示。

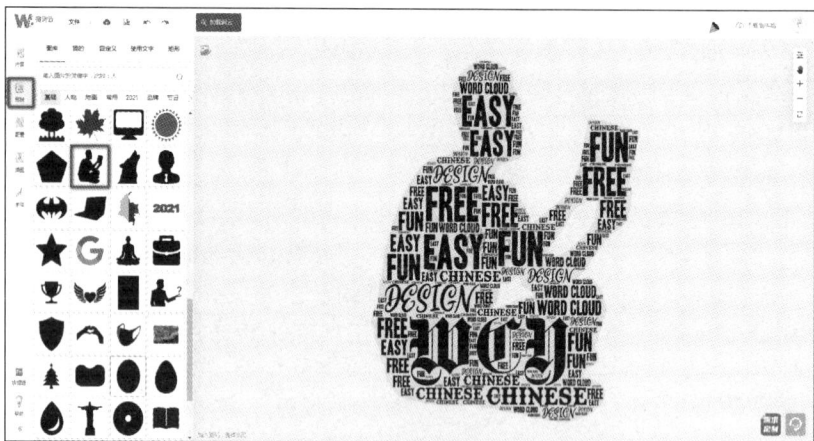

图 2-55　形状选择页面

第五步：单击"左侧菜单栏"中的"内容"选项，对应的"样式选区"中显示了系统默认的创意文字云文字，文字列表上方依次呈现"查找单词""字体""词频""颜色""角度""重复"等功能栏，如图 2-56 所示。选择不同功能栏中的内容，即可对不同的单词（文字）进行编辑。

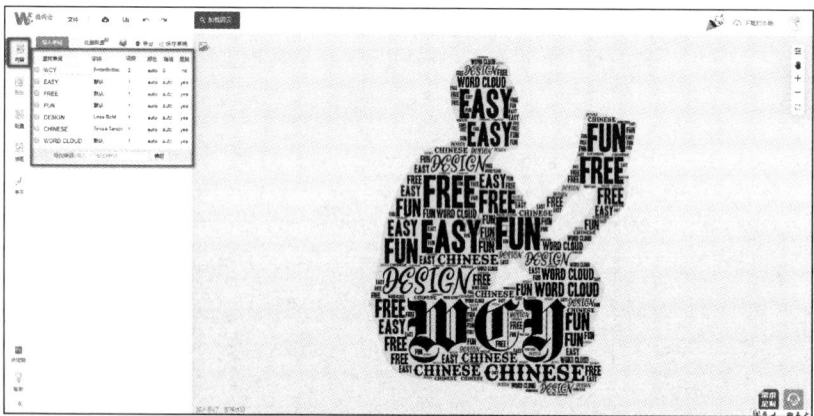

图 2-56　文字内容编辑页面

第六步：此处以"大学生"为主题，对系统默认的"查找单词"功能栏下的内容进行编辑，将内容改为"留学""学习""考试"等字样，如图 2-57 所示。

第七步：完成文字内容的编辑后，单击编辑页面上方的"加载词云"选项，即可将编辑后的内容应用于选择的图形，如图 2-58 所示。

图 2-57 "查找单词"功能栏下的内容编辑

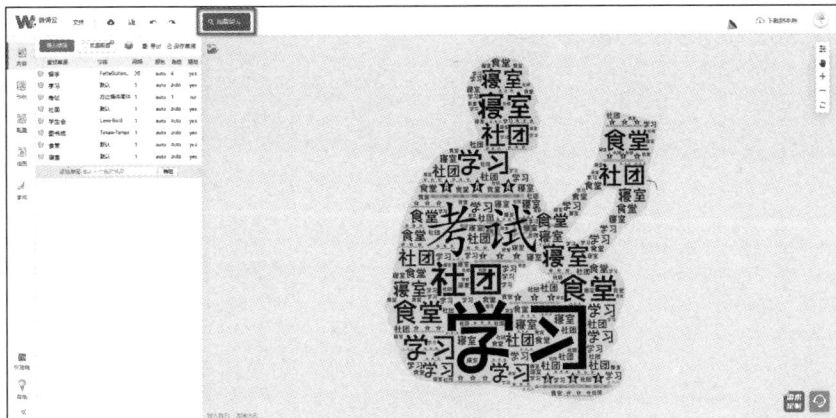

图 2-58 加载词云

第八步：单击编辑页面右上角的"下载到本地"选项，在新弹出的弹窗中对创意文字云的"背景色""下载类型""白边与形状""质量"等选项进行设置，如图 2-59 所示。

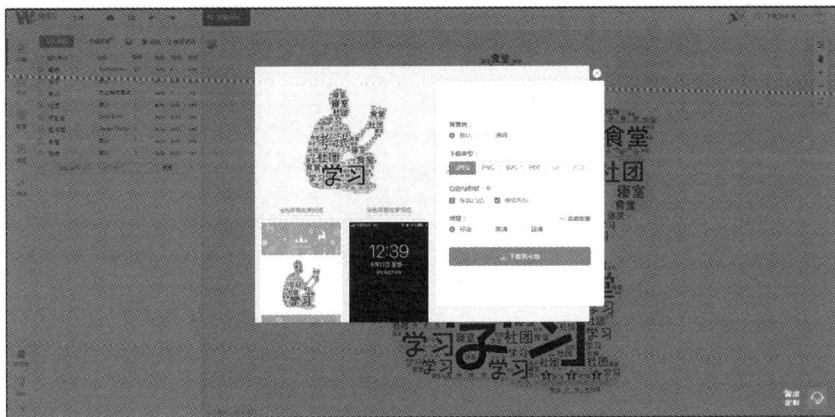

图 2-59 弹窗选项设置

第九步：完成设置后，单击弹窗中的"下载到本地"选项，即可将制作好的创意文字云下载至本地文件夹。

实战训练

请以学校标志性建筑为图形，以学校特色为关键词文本，制作创意文字云。

思考与练习 ● ● ●

1. 图文排版的技巧有哪些？
2. 请试着使用第三方排版编辑器，完成一篇公众号文章的排版。
3. 你认为图文排版最重要的原则是什么？
4. 创意文字云的组成部分有哪些？

第3章
表情包的发展与应用

随着移动端社交应用的用户日趋年轻化，各大网络社交平台也在不断开发迎合年轻用户的个性化内容。个性化表情包可以充分满足年轻用户彰显自我、表达个性的需求，同时，表情包还可以用情感化、趣味化的表达方式，帮助用户实现沟通的破冰及亲密度的提高。随着"图像时代"的到来，表情包的应用场景越来越多，表情包也成为用户在网络社交场景中高频使用的元素。

3.1 表情包的发展概述

网络的兴起为全球范围内的文化交流与碰撞提供了便利的渠道。尽管世界各地的文化和语言不完全互通，但表情、动作等往往能够跨越语言的鸿沟，帮助沟通双方更好地理解对方的意图与情绪。基于此，表情包得以在网络社交过程中扩散，并为全球范围内的用户所接受和使用。

3.1.1 作为网络文化的表情包

美国国家标准学会（American National Standards Institute，ANSI）制定了用于处理基本文本数据的标准单字节字符编码方案——美国信息交换标准代码（American Standard Code for Information Interchange，ASCII）。ASCII 最初是作为美国国家标准的、不同计算机在互相通信时需要共同遵守的字符编码标准，后来，该标准被国际标准化组织（International Organization for Standardization，ISO）定位为国际标准，适用于所有拉丁字母。

1982 年，美国卡耐基梅隆大学的斯科特·法尔曼教授首次使用了一串 ASCII 字符：" :-)"。该字符形似一个躺着的微笑表情，人类历史上第一个计算机笑脸表情符号就此诞生。从此，表情符号开始在互联网世界流行。

▶▶▶ 3.1.2 第一代：符号类表情包

符号类表情包兴起于互联网发展初期。受当时的网络带宽限制，互联网用户只能通过文字进行互动沟通，纯文本的交流形式十分单调。

1982 年，斯科特·法尔曼教授所用的 ":－)" 字符开创了符号类表情包的历史。此后，大量用户开始用键盘上的@、#、$、*等符号及拉丁字母进行形象化重组，通过象形的符号模仿人类的各种面部表情，表情符号逐渐丰富，如表 3-1 所示。

表 3-1　早期表情符号及其含义

符号	含义
:-D	开心
:-P	吐舌头
;-)	眨眼
:-(	不悦
:-O	惊讶

这些表情符号被传入日本后，日本用户将"躺着"的表情符号"扶正"，从人们更熟悉的角度来模拟各种生动的表情，形成了第一代符号类表情包（"颜文字"），如表 3-2 所示。

表 3-2　第一代符号类表情包

符号	含义
(ﾉヘ￣、)	擦眼泪
(￣ˍ￣)	不屑
(°ー°〃)	愣住
(@_@;)	不懂
(๑•̀ㅂ•́)و✧	棒

▶▶▶ 3.1.3 第二代：图片类表情包

随着互联网技术的发展及互联网社交媒体的出现，以腾讯 QQ 为代表的社交网络媒体逐步兴起，基于社交网络媒体形成的图片类表情包也逐渐在网络上流行。2003 年，腾讯 QQ 推出了黄色小圆脸的系列表情包。随后，腾讯 QQ 的自定义表情逐渐增多，包括各种文字类型、图片类型、动画类型、影视作品截图等静态及动态的表情包，由此形成了第二代图片类表情包，如图 3-1 所示。但此时的表情包整体仍较为粗糙，尚未出现制作精美的表情包。

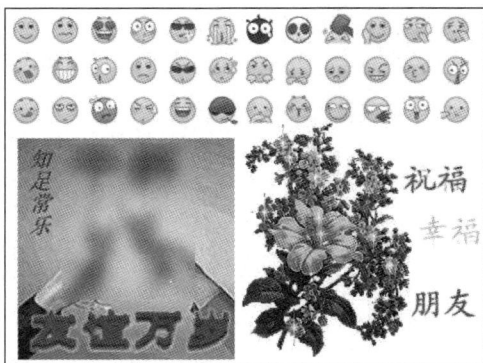

图 3-1　第二代图片类表情包

▶▶▶ 3.1.4　第三代：卡通与真人／萌物类表情包

随着表情包使用频率的提高，用户开始更加注重表情包的创意。专业设计师群体的加入，使得新创作的表情包越发精致且富有创意。移动端社交平台的兴起，也掀起了一股表情包的创作热潮，早期以"流氓兔"和"冷兔"为代表的卡通类表情包迅速流行开来。

随着微信的流行，"布朗熊""兔斯基""炮炮兵""嗷大喵"等形象的表情包迅速在年轻用户的社交网络中广泛传播，并形成具有强影响力的知识产权（Intellectual Property，IP），如图 3-2 所示。

随着用户对表情包的需求增加，卡通类表情包已经不能完全满足用户的需求。智能手机及相关应用的出现，让表情包的制作门槛逐渐降低，毫无设计基础的普通用户也可以自制表情包。用

图 3-2　卡通类表情包

户自制表情包时多以真人或萌物相片、热门影视剧 IP 或综艺节目中的人物形象、动作片段为素材，通过图文或视频编辑软件对表情包素材进行简单的字幕添加、特效添加、画面裁剪等处理。

用户可以将自制表情包打包上传至微信、钉钉等社交通信平台，如微信的表情商店。微信的表情商店上架了海量的表情包专辑，可供用户免费下载和使用，如图 3-3 所示。

用户也可以手动添加单个表情包至社交通信平台的自有表情包收藏板块，并在与其他用户的对话聊天中使用，如图 3-4 所示。

在"粉丝经济"的环境下，表情包的商业价值逐步显现，影视作品的制作发行方及公众人物纷纷借助表情包拉近自身与粉丝之间的距离，以获取更高频次的曝光。"秋叶大叔"团队推出的"秋叶大叔的日常"表情包专辑，如图 3-5 所示。

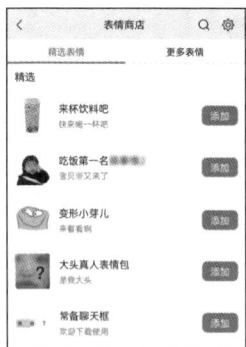

图 3-3　微信的表情商店

图 3-4　微信的"添加的单个表情"功能

图 3-5　"秋叶大叔的日常"表情包专辑

3.2　表情包的分类及制作

如今，各式各样的表情包盛行于网络，表情包提升了网络社交的趣味性，有利于营造轻松愉悦的聊天氛围。为满足用户对表情包的个性化需求，各类表情包成品及制作表情包的工具纷纷涌现。

▶▶▶ 3.2.1　表情包的分类

表情包可分为自有版权表情包和非自有版权表情包。

1. 自有版权表情包

自有版权表情包的常见类型为卡通形象表情包及真人表情包。卡通形象表情包多由机构或个人与专业设计团队合作制作，版权为机构或个人所有。真人表情包的版权也少有争议，要么属于表情包对应的真人，要么属于付费购买了版权的其他使用者。

对于普通用户而言，真人自拍表情包是较为常见的表情包制作方式。真人自拍表情包以真人图像为基本素材，更容易拉近沟通双方的关系。常用的真人自拍表情包制作工具包括微信、B612 咔叽、Faceu 激萌等。

微信开发了表情包自拍功能（见图 3-6），便于用户自拍表情包并上传保存。表情包保存后，用户通过其他设备登录微信，也可以查看此表情包。

2. 非自有版权表情包

非自有版权表情包的常见类型为网络表情包，即以

图 3-6　微信表情包自拍功能

网络视频、图文为素材的表情包。常用的网络表情包制作工具有 Biu 神器、斗图神器等。目前除 App 外，很多微信小程序也可以制作网络表情包。

通过移动端 App 自制表情包，胜在操作简单、分享便捷，如企业需要设计更具创意和更精致的表情包，可以选择与专业的设计公司或摄影机构合作。

▶▶▶ 3.2.2 常用表情包的制作与添加

GIF 表情包无疑是当前最常见、使用频率最高的表情包之一，本小节将以 GIF 表情包为例，讲解具体的表情包制作方法。表情包的制作工具种类繁多，且大都操作简单，这大大降低了新媒体运营者制作表情包的难度。

新媒体运营者可以委托专业的设计师制作专属表情包，也可以通过移动端 App 自制表情包，具体制作方式可以根据表情包的使用场景确定。若需商用或打造企业、个人 IP，则尽量委托专人制作自有版权表情包；如果仅用于与他人私信聊天等一般场景，自制表情包也是一种不错的选择。

1. 微信系统功能制作与添加实操

第一步：通过移动端打开微信 App，进入与好友的聊天会话界面，点击聊天会话界面输入框右侧的"表情"按钮☺，如图 3-7 所示。

第二步：在新弹出的"表情"弹窗中，点击"自拍"功能按钮✋，如图 3-8 所示。

第三步：点击"表情"弹窗中的"拍摄"按钮📷。

第四步：进入"拍摄"界面，可以看到界面中显示了系统提供的多套表情模板，选定模板，令拍摄者面对手机前置摄像头并调整拍摄角度，长按界面中的圆形按钮○，如图 3-9 所示，即可完成表情包素材的录制。

图 3-7 微信好友聊天会话界面　　图 3-8 "表情"弹窗　　图 3-9 "拍摄"界面

第五步：素材录制完成后，即可进入表情包素材编辑界面，对该素材进行"去背景""加速播放""贴表情"的功能设置。完成设置后，点击界面右下方的"添加"按钮✓，如图3-10所示，即可将表情添加至微信自拍表情包列表中，如图3-11所示。

图 3-10　表情包素材编辑界面　　　图 3-11　已成功添加的自拍表情包

2. "GIF 制作" App 制作与上传实操

（1）"GIF 制作" App 的基础功能

从移动端打开"GIF 制作" App，App 首页的功能板块包括"视频转 GIF""图片转 GIF""录制 GIF""GIF 编辑""我的 GIF"等，如图 3-12 所示。其中"录制 GIF"功能需要用户使用 App 即时录制小视频，并将小视频转化为 GIF 动图；而"视频转 GIF""图片转 GIF"等功能的应用则需要将移动端已存储的视频或图片作为素材。

（2）"图片转 GIF"功能的应用

GIF 文件的原理是将多幅图像保存为一个图像文件，通过多幅图像的连续显示，呈现出动画效果。因此，究其根本，GIF 格式仍然是图像文件格式。图片是制作 GIF 的常用素材。此处以"图片转 GIF"功能为例，详细讲解使用该款 App 制作 GIF 表情包的步骤。

图 3-12　"GIF 制作" App 首页

第一步：点击"GIF 制作" App 首页的"图片转 GIF"选项，如图 3-13 所示。

第二步：进入本地图片选择界面，在界面中选择多张图片，如图 3-14 所示。需要注意的是，所选图片数量应为 2～10 张，过多的图片容易使 GIF 表情包的信息含量过大。

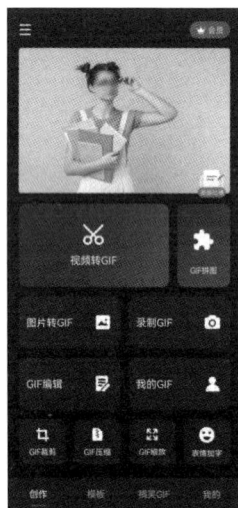

第三步：选定图片后，点击本地图片选择界面右上角的"制作"选项。

第四步：进入"编辑"界面，拖曳界面中的进度条，调整每张图片的显示时长，如图 3-15 所示。

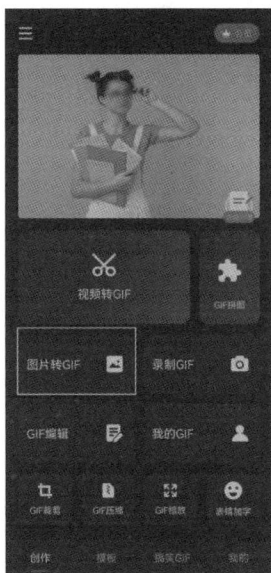

图 3-13　点击"图片转 GIF"　　图 3-14　本地图片选择界面　　图 3-15　"编辑"界面
　　　　　选项

第五步：点击"编辑"界面底部菜单栏中的"画布""文本""贴纸""涂鸦"等选项，如图 3-16 所示，对图片素材进行编辑。需要注意的是，表情包素材应尽量裁剪为方形。

图 3-16　"编辑"界面底部菜单栏选项

第六步：编辑完成后，点击"编辑"页面中的"保存"选项，即可将制作完成的表情包素材保存至移动端的本地文件夹中。

（3）微信账号的单个表情包添加

通过"GIF 制作"App 完成表情包素材的制作后，新媒体运营者还需要将其上传至微信等社交通信平台，方可作为聊天表情包使用。

第一步：在移动端登录微信 App，进入与好友的聊天会话界面，点击聊天会话界面输入框右侧的"表情"按钮😊，如图 3-17 所示。

第二步：在新弹出的"表情"弹窗中，点击"收藏"按钮♡，如图 3-18 所示。

第三步：跳转至"收藏"弹窗，点击弹窗左侧的"添加"按钮⊞。

第四步：进入"添加的单个表情"界面，点击界面左上角的"添加"按钮╋，如图 3-19 所示。

第五步：进入移动端的本地相册界面，如图 3-20 所示，点击并选中已存储的表情包素材。

图 3-17　微信好友聊天会话界面

图 3-18　在"表情"弹窗中点击"收藏"按钮

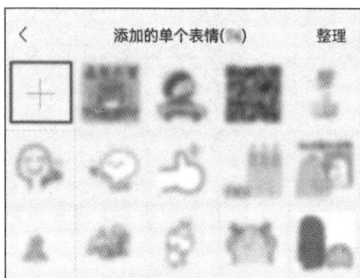

图 3-19　进入"添加的单个表情"界面
并点击"添加"按钮

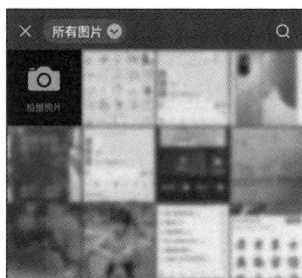

图 3-20　本地相册界面

第六步：进入表情包素材确认界面，确认素材无误后，点击界面右上角的"使用"选项，如图 3-21 所示，即可将该表情包素材添加至微信账号的单个表情包列表中，如图 3-22 所示。

图 3-21　进入表情包素材确认界面并点击"使用"选项

图 3-22　已成功添加的单个表情包

3.3 微信表情开放平台

微信建立了表情开放平台，新媒体运营者可以将制作的表情包上传至该平台并提交审核，审核通过的表情包即可供用户进行下载和使用。企业可以为其核心人物、重要 IP 设计卡通形象或真人形象表情包，并上传至表情开放平台，利用可爱有趣的形象和文字吸引用户关注和使用，提升企业 IP 的影响力和知名度，间接为企业进行正面形象宣传。

微信表情开放平台是基于微信生态的、供用户上传表情包作品的平台。该平台支持以企业或个人为单位上传作品，提交表情包作品的用户必须拥有表情包作品的版权或获得授权。上传至微信表情开放平台的表情包作品的版权仍然归属投稿人或授权人。

通过 PC 端浏览器搜索"微信表情开放平台"，进入其官方网站，新媒体运营者可以根据平台提示，依次完成注册、提交表情、平台审核和上架表情的操作，如图 3-23 所示。

图 3-23　微信表情开放平台首页

微信表情开放平台的注册资质要求较为严格，个人用户身份的新媒体运营者完成实名认证后方可完成注册。同时，表情制作也有一定的规范，如表情必须为新媒体运营者及其团队自有版权内容或者获得著作权人授权的内容。对表情主图、表情缩略图等需要上传的素材，平台也有着细致的格式和数量规范。

作品上架成功后，新媒体运营者可以填写相应的"艺术家资料"。在审核通过且满足其他绑定条件后，新媒体运营者即可申请开通表情包的"赞赏"功能，通过用户的下载与赞赏，实现表情包内容的商业变现。

实战训练

　　请思考，如果你想要推广某地的西瓜，你会做什么样的表情包？请你和同学们一起尝试制作表情包并把表情包推广出去。

思考与练习 ●●●

1. 表情包经过怎样的发展？
2. 静态表情包和动态表情包，你更喜欢使用哪一种？为什么？
3. 尝试使用微信的表情包自拍功能，为自己制作一个表情包。
4. 除微信表情开放平台外，你还知道哪些平台具备表情包变现功能？

第 4 章
H5 的制作与应用

【学习目标】
➢ 了解 H5 的主要类型。
➢ 掌握 H5 的素材收集与制作方法。

在微信、QQ 等社交平台，用户经常可以看到有趣、有"料"的 H5，它往往设计得富有创意，容易吸引用户观看。因此 H5 具备宣传展示与营销推广的价值。本章将主要介绍 H5 的主要类型，以及其在新媒体领域的制作方法。

4.1 HTML 的发展历史、功能与 H5 的类型

HTML 5 是指第 5 代超文本标记语言（Hyper Text Markup Language，HTML），也指用 HTML 5 制作的数字产品。"超文本"是指页面内除了纯文本外，还可以包含图片、链接，甚至音乐、程序等非文本元素，"标记"则是指这些超文本必须由包含属性的开头与结尾标志来标记。

4.1.1 HTML 的发展历史

HTML 5 是构建及呈现互联网内容的一种语言方式，它也是互联网的核心技术之一。通俗来讲，HTML 是用户向浏览器发布指令的语言，用户向浏览器发布指令，浏览器则按照指令设置页面的内容和呈现方式。当前的网页多数是由 HTML 写成的，HTML 构成了互联网兴起的基础。

HTML 的第一版于 1991 年开始研发，1993 年发布。按照惯例，每隔一段时间，HTML 都应该进行更新，但是自 1999 年 12 月 HTML 4.01 发布以来，便再无更新。此后多年，互联网行业发生了翻天覆地的变化，原有的 HTML 已经不能适应互联网的发展。

在此背景下，名为 WHATWG 和 W3C 的两个组织分别提出了新的方案。前者开发了 Web Applications 1.0，后者则开发了 XHTML 2.0。2006 年，双方决定进行合作以创建新一代的 HTML，即 HTML 5。2014 年 10 月，W3C 宣布，经过长达 8 年的努力，HTML 5

标准规范最终制定完成并向全世界开放，HTML 5 标准规范随即在互联网行业得到极为广泛的应用。

▶▶▶ 4.1.2　HTML 的功能

HTML 5 之所以能引发如此广泛的关注，是因为它不只是一种标记语言，更为下一代互联网提供了全新的框架和平台。HTML 5 的语法特征能更好地适应移动端，它真正地改变了用户与网页的交互方式。HTML 5 的强大功能主要体现在以下两个方面。

1. 富文本性

此前的 HTML 受网络带宽及自身功能开发的限制，无法承载音频、视频等媒介形态，所以早期的网页呈现内容多以图文为主，若要呈现矢量图形及动画形式的内容，则需要用户为浏览器安装 Flash 插件。HTML 5 标准规范使网页以原生方式播放音频、视频及动画成为可能，对影音、图像、交互动画等内容高度支持，浏览器网页也因此真正实现了多媒体内容呈现。

2. 跨平台性

HTML 5 带来的图形化、动画及本地化存储等多项新功能，让应用开发行业有了开放且统一的标准，打破各平台"各自为政"的局面，打破行业壁垒，应用程序的创建标准也因此变得统一。

使用 HTML 5 搭建的站点和平台可以兼容 PC 端与移动端、Windows 系统与 Linux 系统、安卓系统与 iOS 系统，而且这些站点和平台也可以被移植至各种不同的开放平台、应用平台。基于此，HTML 5 产品实现了无须下载安装，在不同平台均可即点即用的效果，为用户带来了良好的使用体验。同时，众多站点和平台均使用 HTML 5 搭建，这显著降低了应用的开发与运营成本，为企业带来了更大的发展机遇。

HTML 5 的应用十分广泛，用户习惯于将接触到的 HTML 5 产品称为"H5"。然而，HTML 5 与 H5 并非同一种事物。用户口中的"H5"，其实是指基于移动端的带交互动画的富媒体内容，以商业用途为主，也被称为"H5 动画"。本章中关于 H5 的内容也是针对用户更为熟悉的"H5 动画"，而非 HTML 5 标准规范本身。

HTML 5 与 H5 的关系如图 4-1 所示。

微信生态强大的社交属性及庞大的用户群体，为微信上的内容传播创造了有利条件。H5 作为一种集文本、图片、音频、视频、动画效果于一身的产品，更易于激发用户点击阅读和传播扩散的欲望，可以及时满足用户对移动社交富媒体传播的需求。基于此，类型丰富且有趣的 H5 开始在微信群与朋友圈中流行开来。

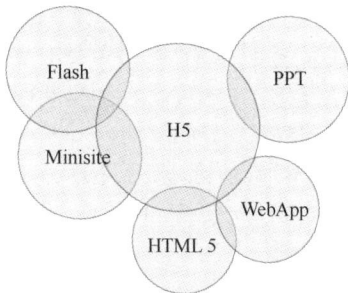

图 4-1　HTML 5 与 H5 的关系

▶▶▶ 4.1.3　H5 的主要类型

许多企业和新媒体运营者都曾尝试制作适合商业用途的 H5，并在微信上进行传播和扩散。H5 也成为诸多企业和新媒体运营者推崇的低成本、高效益的营销推广工具。H5 有以下 5 种常见的类型。

1.　展示型

展示型 H5 主要用于展示内容，用户通过简单的滑动或点击动作进行翻页。其展示的内容及页面互动效果相对简单，且制作难度低，新媒体运营者参与制作的门槛较低。在一些 H5 制作平台上，新媒体运营者只需上传图片并套用模板，即可生成展示型 H5。此类 H5 有一个有趣的别称，叫作"移动端的动画 PPT"。展示型 H5 的常用场景包括活动宣传、图片合集等。

2.　互动型

互动型 H5 和展示型 H5 类似，主要用于展示内容。不过两者形式不同：展示型 H5 的页面互动性较弱，侧重内容的展示；而互动型 H5 侧重用户的互动体验，如用户完成指定动作（滑动、点击、拖曳）后，H5 即可显示不同的呈现效果。相较于展示型 H5，互动型 H5 的制作难度更高、创意更足。不少 H5 制作平台同样提供了互动型 H5 的制作模板。

3.　场景型

场景型 H5 更侧重 H5 展现形式的场景化，通过互动将用户带入预设的场境中，并在场境中植入广告或其他信息，使用户更易接受。例如，某企业举行抽奖活动，新媒体运营者在设计的场景型 H5 中将企业的某款产品作为活动奖品。根据 H5 中的提示，用户需要将奖品拖曳至虚拟购物车并登记个人信息后方可参与抽奖。这种方式可以降低用户提供个人信息时的抵触情绪。

4.　游戏型

游戏型 H5 本质上是一种游戏，用户需要通过屏幕互动或用手机感应器控制目标，从而获取游戏体验。游戏型 H5 在微信中的传播速度往往较快，因为它具有简单易上手、获奖激励明确的特点，易于激发用户的求胜心理。

5.　测试型

测试型 H5 最显著的特点是基于相同的测试标准，不同的用户可获得不同的测试结果，其在互动形式上比较简单。测试型 H5 的主要形式有上传相片测试长相变化趋势、答题测试智力等。

4.2　H5 的素材收集与制作

想要制作高质量的 H5，收集合适的素材是关键。H5 的素材包括字体、图片、GIF

动图、图标、音乐 5 个部分，其中图片、GIF 动图、图标在第 1 章均有讲解，本节主要讲解 H5 的字体素材和音乐素材。

▶▶▶ 4.2.1　字体素材

主流 H5 制作平台备有多种字体素材，其中部分字体可供新媒体运营者免费使用。除此之外，新媒体运营者也可以运用以下方法制作字体。

1. 使用 PPT 制作字体

第一步：从 PC 端打开 Office 或 WPS，新建 PPT 空白演示文稿页面。

第二步：依次单击页面顶部菜单栏中的"插入"—"文本框"选项，如图 4-2 所示。

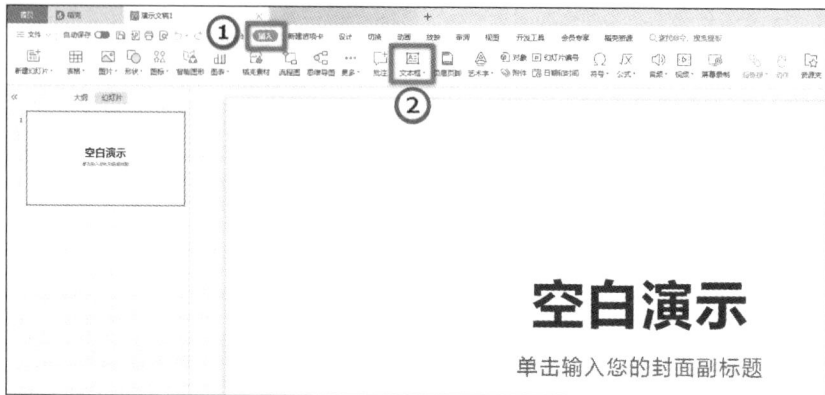

图 4-2　插入"文本框"

第三步：单击 PPT 空白演示文稿页面的画布区域，插入文本框，并输入文字"新媒体运营"，调整字体样式和颜色。

第四步：文本框调整完毕后，单击选中该文本框，用鼠标右键单击，在新弹出的弹窗中选择"另存为图片"选项，如图 4-3 所示。

图 4-3　选择"另存为图片"选项

第五步：在新弹出的"另存为图片"弹窗中，对图片文件进行重命名，并将文件类型设为 PNG 格式，如图 4-4 所示，即可将该文本框中的内容保存为 PNG 格式文件。

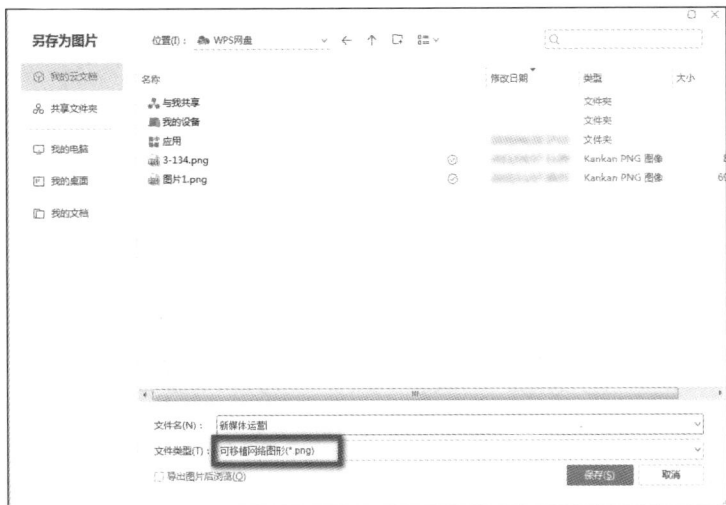

图 4-4　对图片文件进行重命名并设为 PNG 格式

字体素材制作完成后，新媒体运营者即可将该素材上传至 H5 制作平台进行使用。受字体版权限制，如需商用，新媒体运营者应联系字体版权方并购买使用。

2. 在线转换字体

新媒体运营者还可以使用字体转换工具进行字体转换。此处以字体下载及转换网站"字魂"为例讲解具体步骤。

第一步：通过 PC 端浏览器搜索关键词"字魂"，进入其官方网站。

第二步：单击"字魂"网站首页中的"字体转换"选项，如图 4-5 所示。

图 4-5　单击"字魂"网站首页中的"字体转换"选项

第三步：进入"字体转换器在线生成器"页面，页面中包含可输入文字的文本框，如图 4-6 所示。

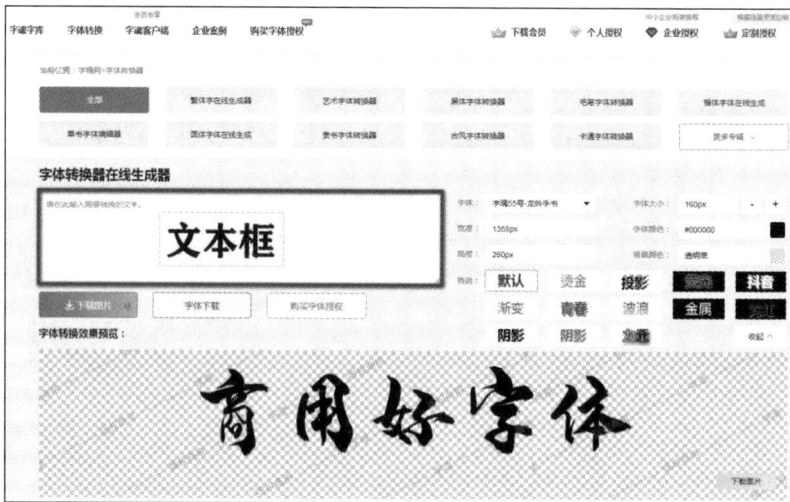

图 4-6 "字体转换器在线生成器"页面

第四步：在"字体转换器在线生成器"页面的文本框中输入文字"新媒体运营"，如图 4-7 所示。

图 4-7 "新媒体运营"字体转换页面

第五步：在文本框右侧的字体设置板块中选择字体，调整字体大小、字体颜色、背景颜色等，如图 4-8 所示。部分字体需要新媒体运营者购买字体版权后方可使用。

图 4-8　字体设置板块

第六步：预览页面下方的字体转换效果，确认无误后，单击文本框下方的"下载图片"选项，如图 4-9 所示，将转换后的字体保存为图片格式。

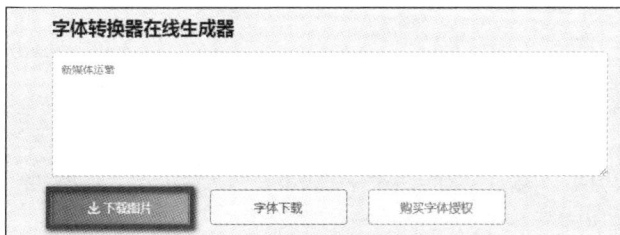

图 4-9　单击"下载图片"选项

第七步：字体素材制作完成后，新媒体运营者即可将该素材上传至 H5 制作平台进行使用。

▶▶▶ 4.2.2　音乐素材

在 H5 中添加背景音乐，可以起到烘托气氛的作用，合适的背景音乐能使用户进一步沉浸于 H5 营造的氛围之中。为满足新媒体运营者不同的设计需求，各 H5制作平台均提供了音乐素材，同时支持上传音频。此处介绍以下音乐平台及使用方法。

1. 网易云音乐

网易云音乐是一个用户基数较大的音乐平台，歌单与音乐评论是该平台的两大特色内容。通过歌单关键词搜索，新媒体运营者可以迅速找到与关键词相关的音乐合集，如图 4-10 所示；通过查看音乐评论，新媒体运营者可以快速明确某首音乐所匹配的场景和适合渲染的情绪。

在找到合适的音乐后，新媒体运营者可以下载使用部分免费音乐，其他付费音乐则需要根据平台提示付费后使用。

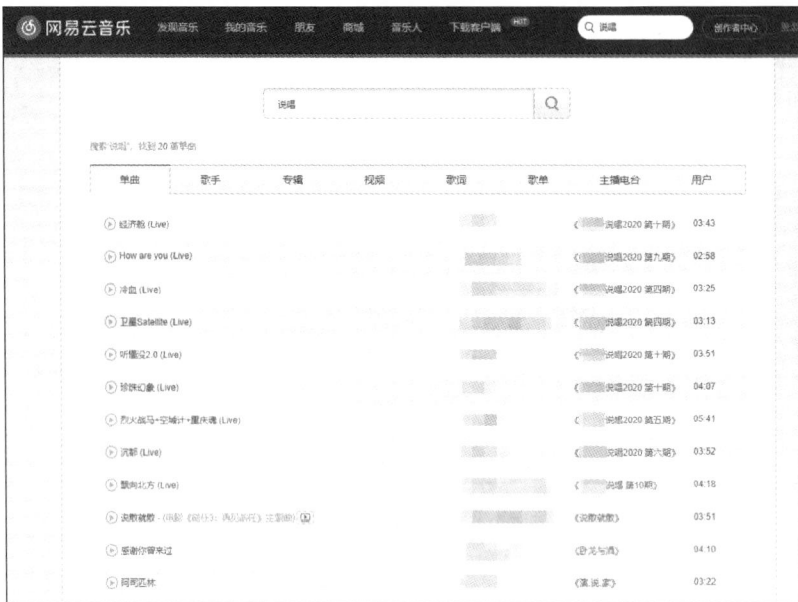

图 4-10　通过歌单关键词搜索音乐合集

2. 5sing

5sing 是酷狗旗下的原创音乐平台，提供免费伴奏下载，如图 4-11 所示。如需商用，新媒体运营者应根据平台提示付费后使用。

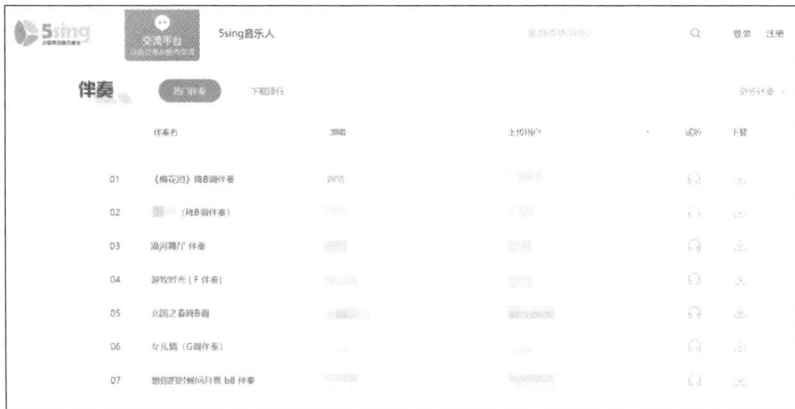

图 4-11　5sing 伴奏页面

除了网易云音乐和 5sing 外，其他的音乐平台也可供新媒体运营者搜寻和下载合适的音乐素材，如 QQ 音乐、FreePD、Jamendo、IMSLP 等。其中的部分平台提供免费版权音乐（非商用），如需商用，新媒体运营者仍需遵循平台规定及相关的版权条例。

学校的轮滑协会将在学校操场上开展招新活动，请你找一首适合轮滑协会招新的音乐。

▶▶▶ 4.2.3 H5 的制作

在无代码基础的情况下，新媒体运营者可以通过免代码 H5 制作平台或工具完成 H5 的制作。建议新媒体运营者使用微信账号进行 H5 制作平台或工具的账号登录和操作，以便在 PC 端和移动端的微信页面中实现与 H5 制作平台或工具之间的流畅分享与跳转。

H5 的制作平台和工具较多，如 MAKA、秀米、易企秀、iH5 等。此处以 MAKA 和易企秀为例，详细介绍 H5 的制作方法。

1. 使用 MAKA 制作 H5

MAKA 是一款常用的 H5 在线创作及创意工具，其应用场景广泛、模板丰富且操作简单。

（1）选择模板

第一步：通过 PC 端浏览器搜索关键词"MAKA"，进入其官方网站，使用微信账号注册并登录。

第二步：进入 MAKA 网站首页，将鼠标指针置于首页顶部菜单栏的"模板中心"选项上，即可显示下拉弹窗；依次单击下拉弹窗中的"品类"—"玩转 H5"选项，如图 4-12 所示。

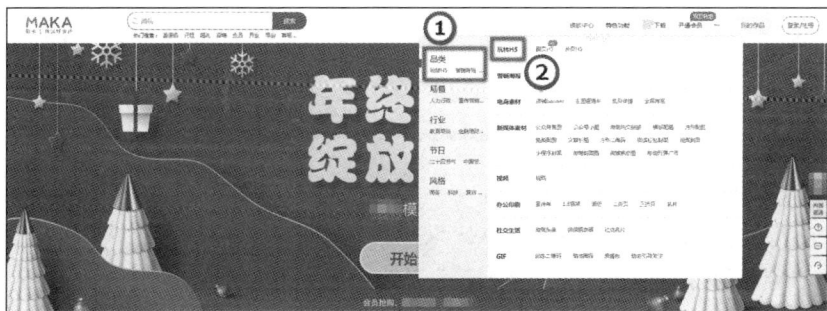

图 4-12　MAKA 网站首页

第三步：进入"玩转 H5"页面，根据"类型""分类""场景""颜色""风格"等条件，查找并选择合适的模板，如图 4-13 所示。

此处选择"翻页 H5"选项下的"生日祝福"模板，如图 4-14 所示，并在此基础上制作新的 H5。

图 4-13 "玩转 H5"页面

图 4-14 "生日祝福"模板

（2）编辑模板内容

第一步：单击"生日祝福"模板，进入模板编辑页面。页面主要分为四大板块——"组件区域""编辑预览区域""基础菜单栏""编辑功能面板"，如图 4-15 所示。模板编辑页面默认显示模板的第一页，新媒体运营者可以对每一页的显示内容及效果进行逐一调整。

图 4-15 "生日祝福"模板编辑页面

第二步：单击模板编辑页面左侧"组件区域"中的"背景"选项，页面左侧随即出现"背景"板块的"样式选区"，如图4-16所示。

图4-16 "背景"板块的"样式选区"

第三步：在"样式选区"中选择新的背景图片，单击该图片，则"编辑预览区域"中的背景随之改变，如图4-17所示。

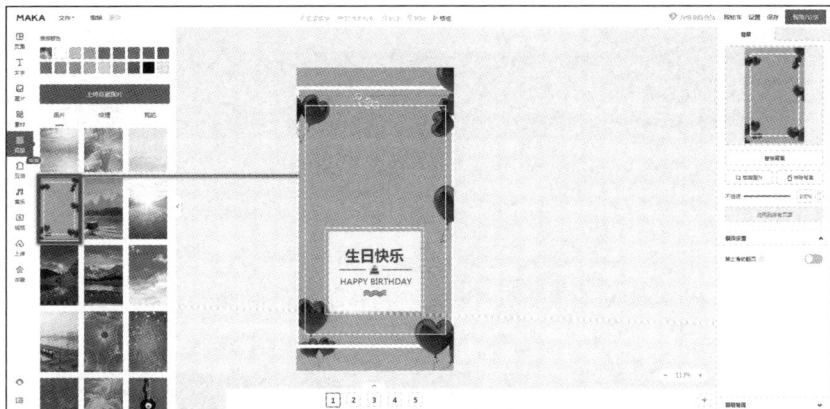

图4-17 更换背景图片

第四步：双击"编辑预览区域"中的"生日快乐"中英文字样，进入可编辑状态，将其更改为"感恩有您 一路相伴"字样。在右侧的"编辑功能面板"中对字体、字号、字间距等进行调整，最终呈现效果如图4-18所示。

（3）添加背景音乐

第一步：单击模板编辑页面左侧"组件区域"中的"音乐"选项，在新弹出的"音乐素材"弹窗的"音乐库"和"我的上传"两大板块中选择合适的背景音乐，如图4-19所示。

第二步：单击选中的音乐素材，单击"音乐素材"弹窗右下角的"确定"选项，即可完成背景音乐的添加。

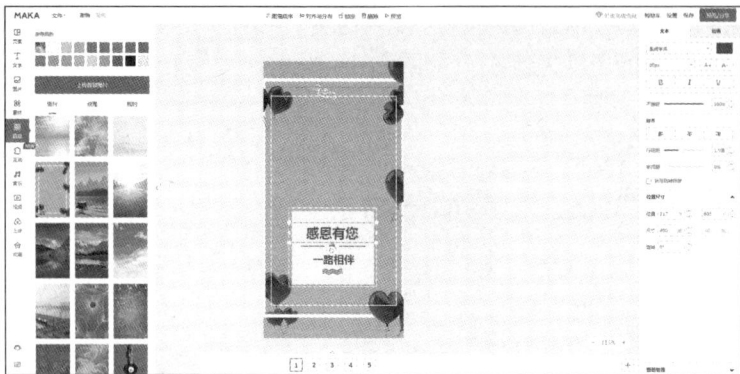

图 4-18　最终呈现效果

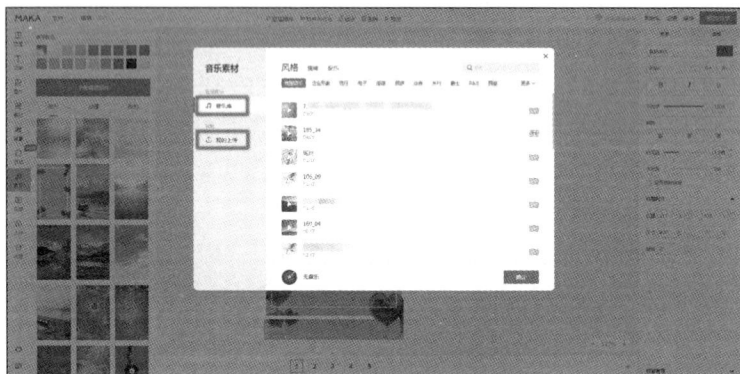

图 4-19　选择合适的背景音乐

（4）预览/分享

第一步：单击模板编辑页面右上方"基础菜单栏"中的"预览／分享"选项。

第二步：在新出现的弹窗中对 H5 进行屏显效果、标题名称、封面等的设置，如图 4-20 所示。

图 4-20　对 H5 进行设置

第三步：完成设置后，通过扫描弹窗中的二维码或复制链接的方式，将 H5 分享至其他平台或社群。

2. 使用易企秀制作 H5

易企秀是一个创意设计营销平台，涵盖 H5、海报、长页、表单、互动、视频等的创意设计工具。通过该平台，新媒体运营者可以快速生成 H5。

（1）选择模板

第一步：通过 PC 端浏览器搜索关键词"易企秀"，进入其官方网站首页，注册并登录，如图 4-21 所示。

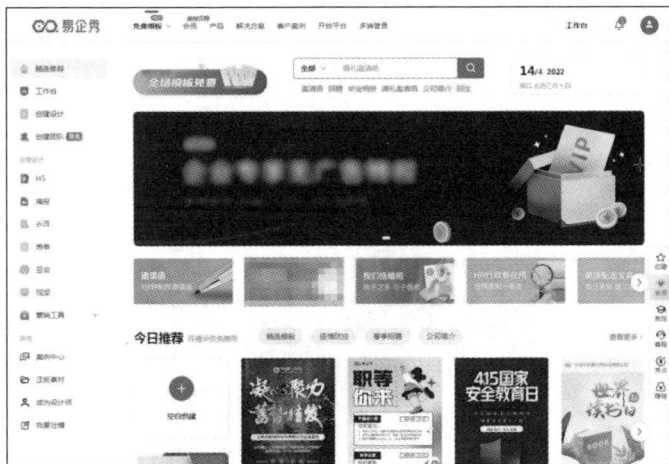

图 4-21　易企秀网站首页

第二步：单击首页左侧的"H5"选项，进入 H5 模板页面，页面中含有"用途""行业""节假""风格""功能"等选项，各选项包含对应的二级选项，如图 4-22 所示。

图 4-22　H5 模板页面

第三步：此处以"立夏"为例，依次单击 H5 模板页面中的"节假"—"二十四节气"—"立夏"选项，如图 4-23 所示，即可进入以"立夏"为主题的模板列表页面，如图 4-24 所示。

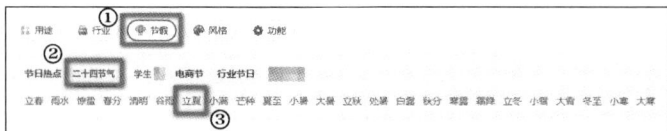

图 4-23　H5 模板分类选项

图 4-24　"立夏"主题模板列表页面

第四步：在"立夏"主题模板列表页面选择合适的 H5 模板，此处以一个封面含有西瓜元素的模板为例，如图 4-25 所示。

图 4-25　选择合适的 H5 模板

第五步：进入模板预览页面，预览该模板的具体内容，确认模板内容结构与风格适宜后，单击页面右侧的"免费制作"选项，如图 4-26 所示。如为付费使用模板，则需要在该页面中单击相应选项完成购买操作后方可使用。

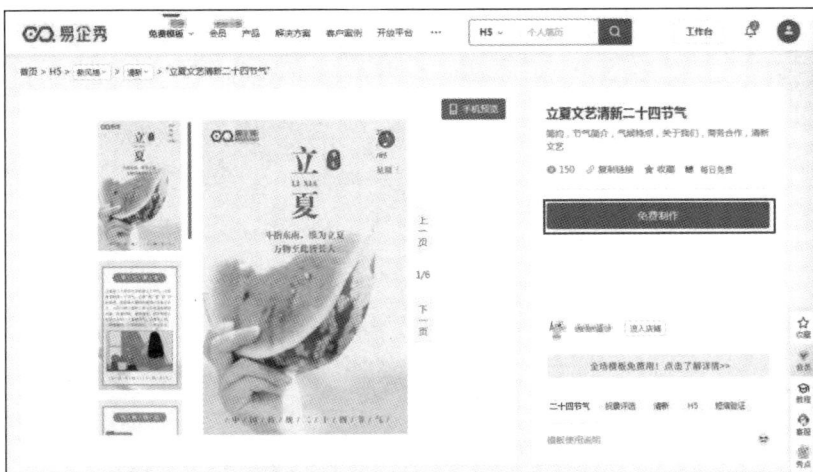

图 4-26　单击模板预览页面右侧的"免费制作"选项

（2）编辑模板内容

第一步：进入模板编辑页面，页面主要分为五大板块，即"左侧功能栏""样式选区""组件区域""编辑预览区域""页面设置面板"，如图 4-27 所示。模板编辑页面默认显示模板的第一页，新媒体运营者可以对每一页的显示内容及效果进行逐一调整。

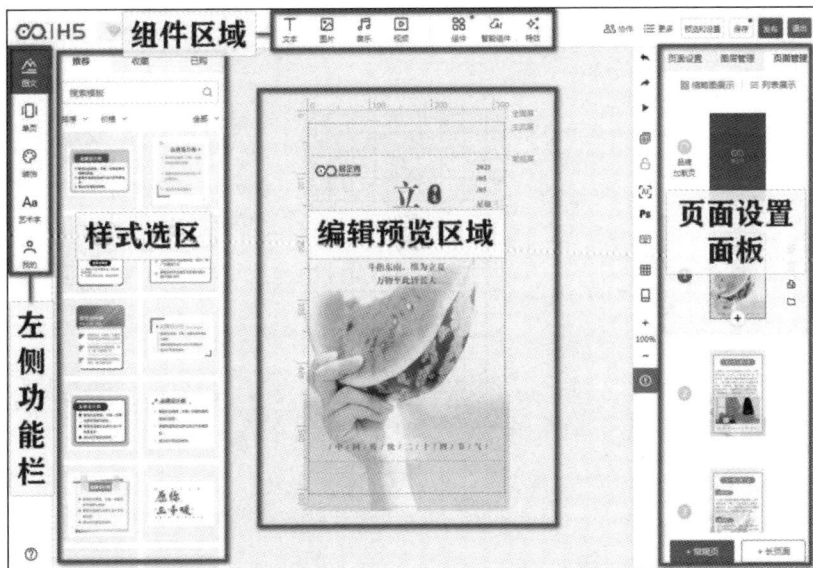

图 4-27　模板编辑页面

第二步：双击"编辑预览区域"中的"立夏"字样，使其显示为可编辑状态，同时页面新增"组件设置"弹窗，如图 4-28 所示。

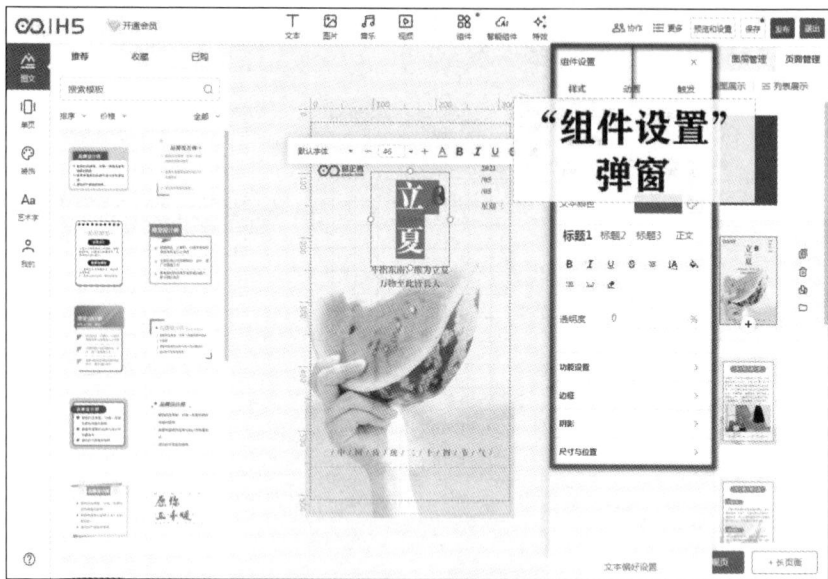

图 4-28　新增"组件设置"弹窗

第三步：将"立夏"字样改为"暑假"，并通过"组件设置"弹窗修改所编辑文字的样式、边框、阴影、尺寸与位置等，如图 4-29 所示。

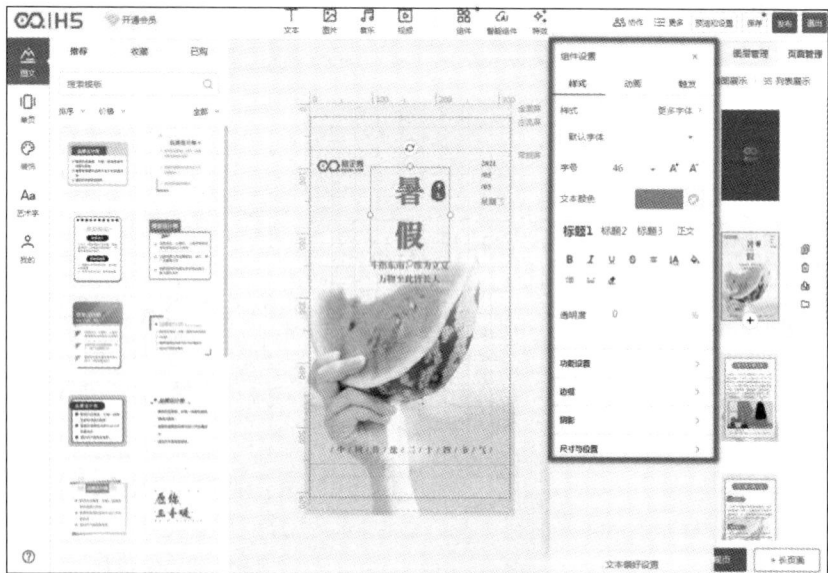

图 4-29　文字的"组件设置"弹窗

第四步：单击"编辑预览区域"中的"易企秀"Logo 图片，在新弹出的"组件设置"弹窗中对该图片进行编辑，如图 4-30 所示。

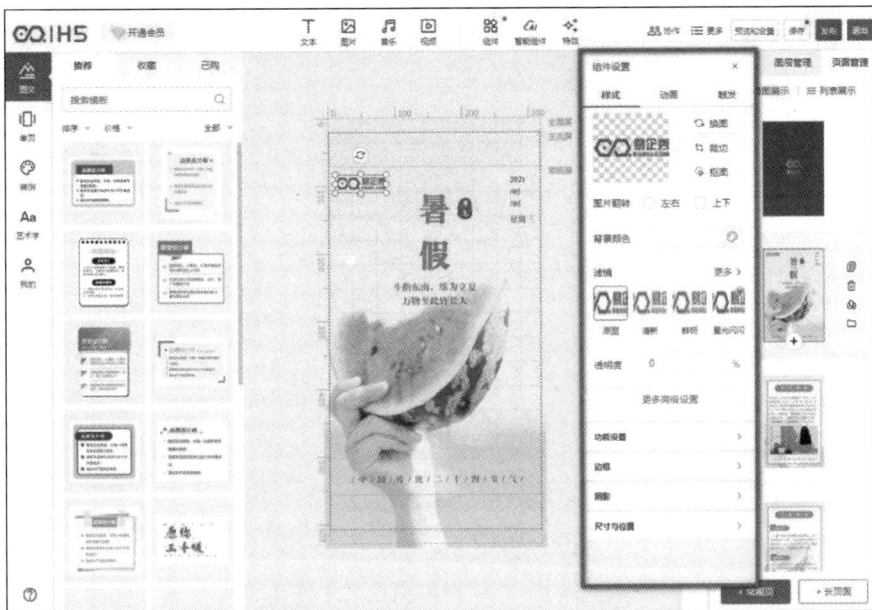

图 4-30 图片的"组件设置"弹窗

第五步：单击"组件设置"弹窗中的"换图"选项，在新弹出的"图片库"页面中，单击页面左侧下方的"本地上传"选项，如图 4-31 所示。

图 4-31 在"图片库"页面中单击"本地上传"选项

第六步：在新弹出的"打开"弹窗中选定本地图片文件，返回"图片库"页面，所选图片即存放于"我的图片"中，如图 4-32 所示。

图 4-32 "我的图片"中的本地上传图片

第七步：单击上传的本地图片，"编辑预览区域"中的"易企秀"Logo 图片即被替换为该图片，如图 4-33 所示。

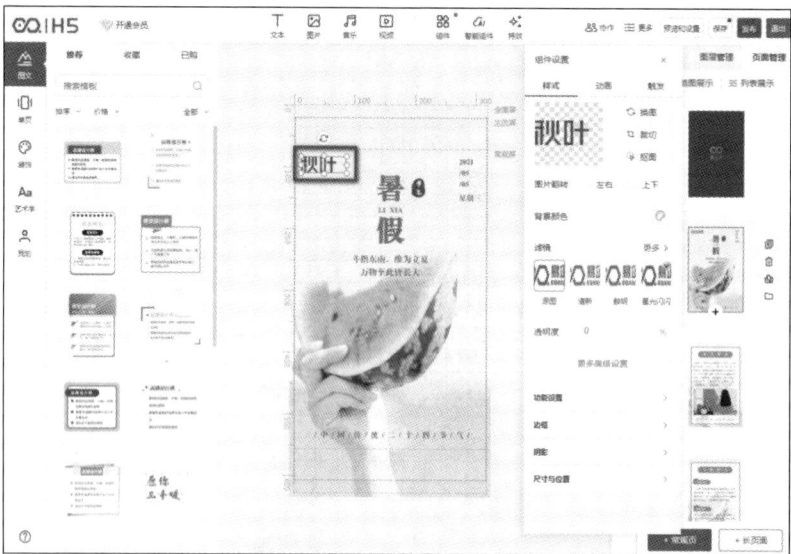

图 4-33 替换图片后的模板编辑页面

（3）调整模板分页

第一步：完成对模板中第一页内容的编辑后，单击模板编辑页面右侧"页面设置面板"中的其他页，即可跳转至其他页内容的编辑页面。图 4-34 所示为 H5 模板第二页内容的编辑页面。以此类推，完成对所选 H5 模板的全部内容编辑。

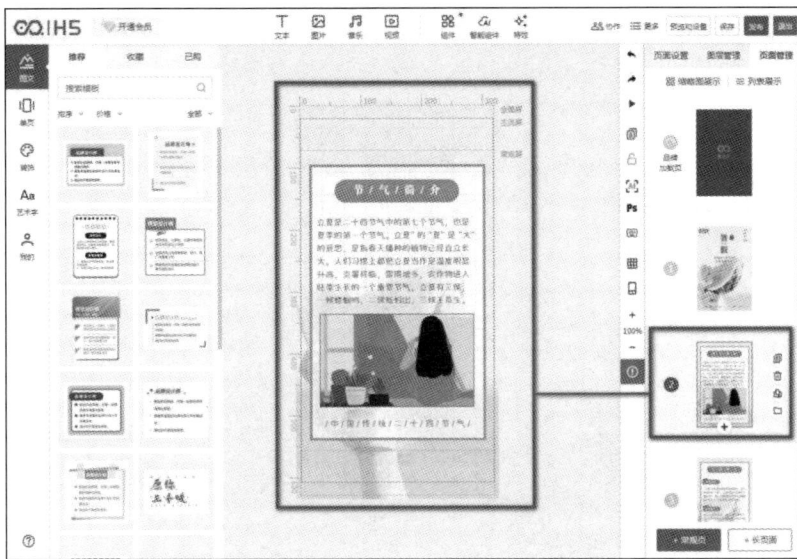

图 4-34　H5 模板第二页内容的编辑页面

第二步：在"页面设置面板"中单击选中单页模板，对其进行上下拖曳，则可完成不同单页模板的前后顺序的调换。

第三步：单击"页面设置面板"中单页模板右侧的"删除"按钮🗑，即可删除该页模板，如图 4-35 所示。

（4）预览/分享

第一步：完成对模板全部页面的编辑后，单击模板编辑页面右上角的"预览和设置"选项，进入"分享设置"页面，对 H5 的标题、封面、浏览样式等进行设置。完成设置后，单击页面下方的"发布"选项，如图 4-36 所示。

图 4-35　单击"删除"按钮

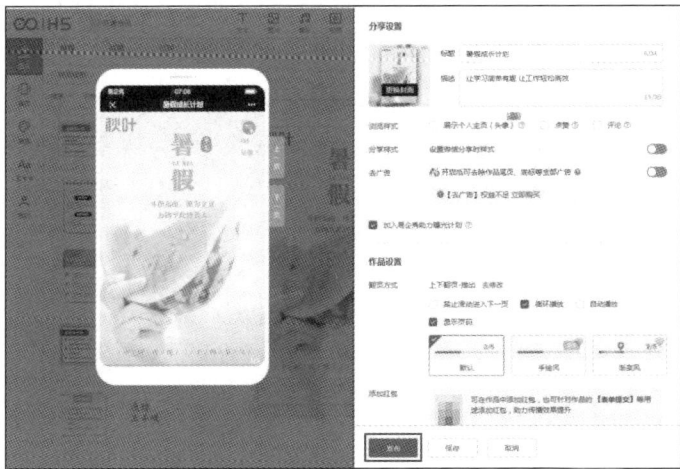

图 4-36　单击"分享设置"页面下方的"发布"选项

第二步：进入"预览"页面，复制 H5 的分享链接、二维码、小程序码等，如图 4-37 所示，将其发布于社交平台或聊天页面，吸引用户查看。

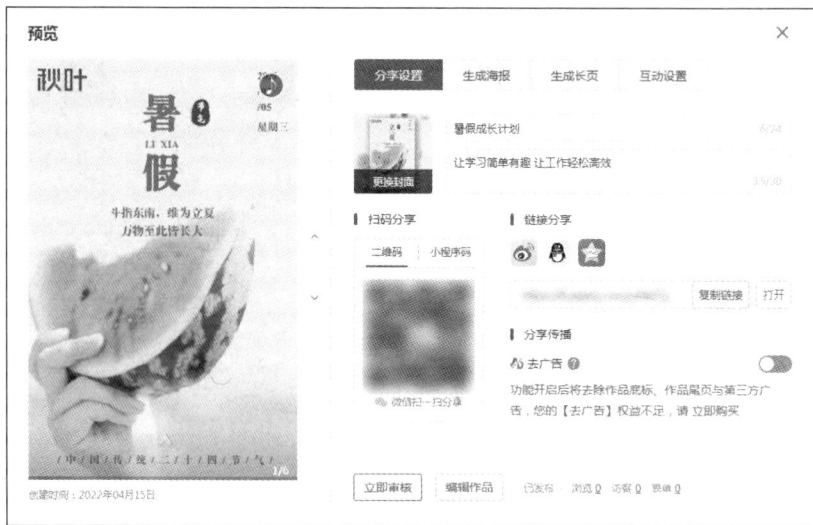

图 4-37 "预览"页面

实战训练

请使用本节所讲的制作平台和工具，制作一个以班会活动为主题的 H5。

思考与练习

1．HTML5 的概念是什么？
2．H5 的类型有哪些？
3．什么样的 H5 可以促使你产生"转发"和"分享"的欲望？
4．请试着用 MAKA 网站制作一个班级迎新晚会的展示型 H5。

第5章
短视频的制作

【学习目标】
➢ 了解短视频的概念。
➢ 了解短视频的类型。
➢ 了解短视频的拍摄与剪辑方法。
➢ 学习音频/视频转换处理的操作方法。

中国互联网络信息中心发布的第 49 次《中国互联网络发展状况统计报告》显示，截至 2021 年 12 月，我国短视频用户规模达 9.34 亿。短视频作为一种深受广大用户喜爱的媒介形态，其商业价值也被充分开发。如今，大部分企业和自媒体的推广方案中都加入了短视频推广这一形式，制作短视频也成为新媒体运营者的必备技能。

5.1 认识短视频

短视频是指在各种新媒体平台上播放的、适合在移动状态和短时休闲状态下观看的、高频推送的视频内容，时长从几秒到几分钟。短视频的内容融合了技能分享、幽默搞怪、时尚潮流、社会热点、街头采访、公益教育、广告创意、商业定制等主题。一般而言，播放时长在 3 分钟以内的视频均可以被称为短视频。

1. 短视频的播出平台

短视频是移动互联网时代发展的产物，用户的巨大需求促进了短视频平台的发展及短视频内容的生产。随着短视频制作门槛的降低，普通用户也能自主制作和上传自己的短视频作品至各大短视频平台。目前，在短视频领域较为知名的平台包括快手、抖音、哔哩哔哩、微信视频号、秒拍、美拍、西瓜视频等。

快手、抖音最初以短视频内容起家，并由此获得快速的发展。短视频行业的火热趋势也推动了其他平台构建短视频板块。一方面，腾讯、爱奇艺等传统视频平台增加了短视频的内容占比；另一方面，微博、知乎等原本以图文内容为主的平台，也开发了短视频的发布功能。

2. 短视频的制作流程

短视频的制作流程包含主题策划、脚本撰写、拍摄设备选择、短视频拍摄与剪辑等环节。主题策划环节可以帮助新媒体运营者确定短视频的拍摄方向；脚本撰写环节则可以帮助新媒体运营者确定具体的短视频拍摄方案；工欲善其事，必先利其器，拍摄设备选择也是必要的环节；完成前3个准备环节，新媒体运营者方能快速、高效地完成最后一个环节，制作出合格的短视频。

5.2　短视频拍摄前的准备

短视频的拍摄与剪辑并非即兴为之，优秀的短视频内容大多经过事前的充分筹备与认真打磨。主题策划、脚本撰写与拍摄设备选择是短视频拍摄前期的三大重要环节。

▶▶▶ 5.2.1　短视频的主题策划

新媒体运营者在策划短视频的主题时，应重点考虑以下几个方面。

1. 短视频的定位

新媒体运营者所拍摄的短视频应与企业的品牌调性相符，为企业的特定运营或营销计划而服务。如果是以推广企业文化、塑造企业的良好形象为目的，新媒体运营者可以策划以企业文化与成果宣传为主题的宣传短视频；如果是以配合企业的新品发布为目的，新媒体运营者可以策划以产品卖点宣传和营销互动为重点的推广短视频。

2. 短视频的发布渠道

抖音、快手、微博、微信、小红书、哔哩哔哩、知乎等热门平台的用户基数大、用户活跃度高，这类平台是新媒体运营者发布短视频的主流渠道。但是，不同短视频平台的用户画像不尽相同。新媒体运营者在选定发布平台后，应针对性地发布更能迎合平台用户偏好的内容。

在抖音、快手，对影视娱乐、游戏、"颜值达人"、饮食类内容感兴趣的用户较多。

在微博，对娱乐影音、美容美妆、时尚穿搭类内容感兴趣的用户较多。

在微信，对情感心理、地域文化、互联网类内容感兴趣的用户较多。

在小红书，对美妆、时尚、母婴、美食、日化类内容感兴趣的用户较多。

在哔哩哔哩，对 3C 数码、游戏、文化类内容感兴趣的用户较多。3C 是指计算机（Computer）、通信（Communication）和消费电子产品（Consumer Electronics）。

在知乎，对历史、文化、科技、互联网、新媒体类内容感兴趣的用户较多。

3. 短视频的类型

常见的短视频类型包括以下几种。

短纪录片型：多数以纪录片的形式呈现，内容制作精良。

IP 型：展现具有较高辨识度的 IP 形象，内容贴近生活。

情景短剧型：多以幽默创意的表现形式还原现实场景。

技能分享型：主要以真人口播的形式呈现，分享对用户有启发的经验、方法或心得。

创意剪辑型：利用剪辑技巧汇编形成非原创短视频，有时会加入解说等元素。

▶▶▶ 5.2.2　短视频的脚本撰写

短视频脚本应该包括镜头编号（镜号）、景别、画面内容、台词、时长等要素，新媒体运营者在实拍时应根据提前写好的脚本进行有序拍摄，如此方能提升短视频的拍摄效率。

抖音账号"秋叶 Excel"是职场技能分享型账号，该账号发布的短视频多以办公室为场景，展现员工之间发生的情景小故事，短视频的风格诙谐有趣，用寓教于乐的方式分享 Excel 的各种操作技巧，如图 5-1 所示。

截至 2022 年 5 月，该账号的粉丝数已经超过 709 万。表 5-1 所示为抖音账号"秋叶 Excel"的某条短视频拍摄脚本。

图 5-1　抖音账号"秋叶 Excel"

表 5-1　抖音账号"秋叶 Excel"的某条短视频拍摄脚本

镜号	景别	画面内容	台词	时长/秒
1	中景	领导在办公室门口出现	领导：下午 2 点周会，请大家把周报汇总到秘书处	2
2	近景	表哥露出不屑的表情	表哥：不就是汇总……	1
3	特写	秘书计算机屏幕特写：邮箱瞬间新增多封未读邮件（带附件的 PPT），还有人通过 QQ、百度网盘传输文件		2
4	近景	表哥自信一笑	表哥：哼	1
5	特写	手机屏幕特写	表哥：现在是下午 1 点 50 分	1
6	近景	表哥认真思考的表情	表哥：我需要汇总邮件 10 个、压缩包 8 个、PPT 5 个	3
7		计算机录屏（压缩包解压）	表哥：先同时下载邮件和压缩包	2
8	近景	表哥工作的表情	表哥：3 分钟	1
9		计算机录屏（汇总 PPT 的画面）	表哥：先将 PPT 复制并粘贴到一起	2
10	近景	表哥看手机的表情	表哥：1 分钟	1

镜号	景别	画面内容	台词	时长/秒
11		计算机录屏（显示粘贴图片和视频的画面）	表哥：再把下载好的内容粘贴到一起，2 分钟	2
12	近景	同事拍表哥的肩，打断操作	同事：表哥，可不可以帮我改下……	2
13	近景	表哥自信一笑	表哥：哼，不出所料	1
14		计算机录屏（在 PPT 中找到要修改的数据）	表哥：找到同事要修改的数据，1 分钟	3
15	中景	表哥爬楼梯的画面	表哥：从这里跑到会议室，1 分钟	2
16	近景	表哥拿起手机看时间	表哥：现在是下午 1 点 57 分	2
17	中景	表哥悠闲地伸懒腰	表哥：留 1 分钟给自己伸懒腰	2
18	特写	表哥的脚踢到了插头		0.5
19	特写	计算机黑屏		0.5
20	近景	表哥惊讶后晕厥		2
21	中景	Word 姐看着表哥说	Word 姐：别装啦，改用飞书就好	2
22		计算机录屏（显示飞书文档页面，多人同步编辑文档的画面）	同事：飞书支持多人在线协作，大家可以同时编辑文档，可以插入 PPT、表格、视频等不同形式的文件。文档内容实时更新，云端存储，不用手动汇总	12
23		计算机录屏（展示文档的评论功能和"to do"功能）	同事：开会的时候还可以针对重点进行评论，还可以设置会议"to do list"	4
24	近景	表哥崩溃地说	表哥：没时间了	1
25	近景	Word 姐看着手机说	Word 姐：现在是下午 1 点 58 分，飞书只用 1 分钟	4
26	中景	表哥从椅子上弹起来继续工作	表哥：这么快	1

▶▶▶ 5.2.3 拍摄设备的选择

拍摄设备是拍摄短视频的必备工具。具体的摄影摄像技巧此处不再赘述，本小节侧重阐述不同拍摄设备的特性与选择技巧，以帮助新媒体运营者了解并选择合适的拍摄设备。

1. 手机

随着手机拍摄功能的不断升级与优化，手机也成为常用的拍摄设备。新媒体运营者应结合视频的使用场景选择合适的拍摄方式。常见的拍摄方式有横屏拍摄和竖屏拍摄两种，横屏视频画面的常见宽高比例为 16：9，竖屏视频画面的常见宽高比例为 9：16。

若拍摄的视频需要在影院、电视机、计算机、投影仪等设备上播放，建议新媒体运营者使用横屏拍摄。若拍摄的视频需要在移动端进行播放，则建议新媒体运营者使用竖屏拍摄，以适应移动端用户的浏览习惯。随着移动端短视频平台的强势发展，用户已经越来越习惯于观看竖屏拍摄的短视频内容。

2. 相机

除了手机之外，新媒体运营者也可以考虑使用相机进行短视频的拍摄。新媒体运营者在选择相机时，需要着重考虑相机的防抖功能、续航能力与便携性。常见的相机包括微单相机、运动相机和单反相机3种。

微单相机采用的是电子取景的方式，其功能较为简单，适合无摄影基础的新媒体运营者使用；运动相机的优势在于防水易携带，可在骑行、潜水、冲浪、蹦极、登山、航拍、飞行、慢动作等多个应用场景进行拍摄，可以增加不同机位不同镜头拍摄的趣味性；单反相机采用光学取景的方式，在画面的质感上更具优势，但相较于其他两种相机而言，单反相机更大更重，不便于携带。

3. 辅助拍摄设备

除了手机和相机等拍摄设备外，新媒体运营者还可以选用其他具有辅助拍摄功能的设备。

（1）手持云台稳定器

手持云台稳定器主要分为手机云台稳定器（见图5-2）和相机云台稳定器（见图5-3）。在运动拍摄过程中，手持云台稳定器可以帮助维持拍摄画面的平滑与稳定。新媒体运营者在选择手持云台稳定器时需要慎重考虑其承载重量。

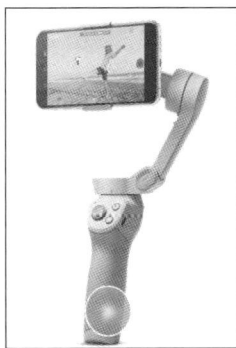

图5-2　手机云台稳定器

图5-3　相机云台稳定器

（2）无人机

无人机是目前大型主题视频或远景拍摄过程中不可或缺的视频录制设备，如图5-4所示。部分无人机产品自带摄像和防抖功能，可以轻松满足高空视频拍摄的需求。

（3）收音话筒

收音话筒具有还原现场目标声源、过滤杂

图5-4　无人机

音的作用，主要分为定向话筒（见图 5-5）和领夹话筒（见图 5-6）两类。

定向话筒可以直接与大多数相机连接，对话筒前方及周围的声音进行降噪收音，但无法对话筒背面及更远距离的声源进行收音。因此，定向话筒适用于近距离的短视频拍摄场景。领夹话筒即佩戴在被摄主体西服领夹或前胸其他衣物上的话筒，可以在远距离拍摄时清晰录制被摄主体的声音。

图 5-5　定向话筒

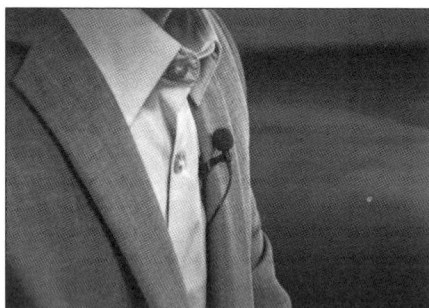

图 5-6　领夹话筒

5.3　短视频拍摄与剪辑

完成短视频的主题策划、脚本撰写及拍摄设备选择等准备工作后，新媒体运营者即可着手拍摄与剪辑短视频。随着移动互联网的发展，各大短视频平台纷纷推出了集视频拍摄与剪辑功能于一体的官方短视频制作 App，如抖音推出的剪映 App、快手推出的快影 App、哔哩哔哩推出的必剪 App 等。同时，主流的短视频平台也在其 App 内添加了视频拍摄与剪辑功能。除此之外，还有不少第三方平台开发了视频拍摄与剪辑类 App，如爱剪辑、小影等。

本节将具体介绍两类短视频制作工具的使用方法。

▶▶▶ 5.3.1　使用剪映 App 制作短视频

剪映 App 是抖音推出的一款视频剪辑类 App，其主打功能有两个：一是短视频制作功能，App 提供的拍摄、剪辑、变速、滤镜、音乐等多种功能与效果，便于新媒体运营者制作短视频；二是视频剪同款功能，App 提供了类型多样的视频模板，模板内已提前添加滤镜、音乐等元素与效果，新媒体运营者可以直接套用模板，上传对应的图片或视频素材，一键生成抖音的同款热门视频。

剪映 App 的基本功能与视频制作步骤如下。

1. 视频拍摄

从移动端打开剪映 App，点击 App 首页的"拍摄"选项，如图 5-7 所示，即可进入视频拍摄界面，如图 5-8 所示。

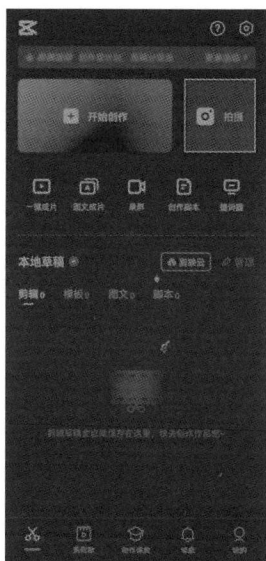

图5-7　点击App首页的"拍摄"选项

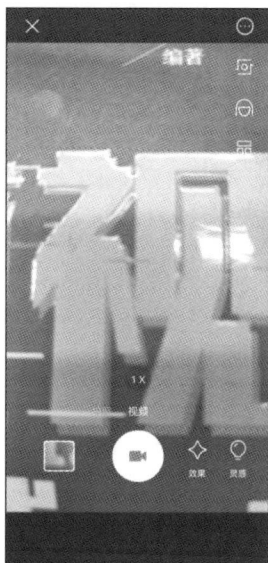

图5-8　视频拍摄界面

视频拍摄界面包含多种功能按钮，具体如下。

（1）界面右侧功能按钮

视频拍摄界面右侧的功能按钮如图5-9所示。

更多功能按钮：点击此按钮后可以弹出更多功能。

镜头转换按钮：用于转换手机的前置和后置镜头。

美颜按钮：用于对镜头所摄人像进行磨皮、瘦脸等调整。

模板选取按钮：用于调出剪映App的视频模板库，便于新媒体运营者从中选择模板并拍摄同款视频。

（2）更多功能

点击更多功能按钮后弹出以下4个功能按钮，如图5-10所示。

图5-9　视频拍摄界面右侧的功能按钮

图5-10　点击更多功能按钮后出现的功能按钮

延时拍摄按钮：点击此按钮可设置视频无延迟拍摄或延迟3秒、7秒后开始拍摄。

画面比例设置按钮：用于调整拍摄画面的宽高比例，如宽高比例为1∶1、16∶9（横屏视频）、9∶16（竖屏视频）等。

闪光灯设置按钮⚡：用于打开或关闭手机的闪光灯。

画面清晰度设置按钮**1080P**：用于设置拍摄画面的清晰度。

（3）界面底部功能按钮

视频拍摄界面底部的功能按钮如图 5-11 所示。

视频拍摄开启按钮🎥：用于开启视频拍摄功能。

效果设置按钮✦：用于给拍摄画面添加不同风格的滤镜。

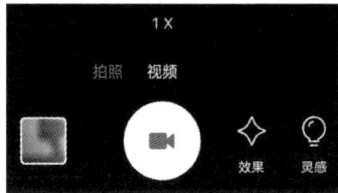

图 5-11 视频拍摄界面底部的功能按钮

灵感按钮💡：点击后可查看剪映 App 提供的各类优质视频范例。

所有功能调整完毕后，点击视频拍摄开启按钮🎥，即可开始拍摄；再次点击视频拍摄开启按钮🎥，即可停止拍摄。拍摄的视频文件将自动保存在移动端的相册内。

2. 视频选择

第一步：进入剪映 App 首页，点击 App 首页的"开始创作"按钮，如图 5-12 所示。

第二步：进入视频选择界面，点击并选择需要进行剪辑的视频素材（支持同时选择多条视频素材），点击界面右下角的"添加"按钮，如图 5-13 所示。

第三步：完成上述操作后，即可进入视频编辑界面，如图 5-14 所示。

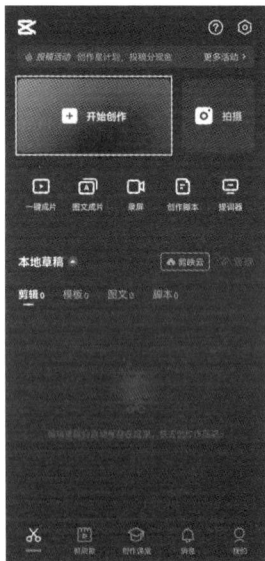

图 5-12 点击 App 首页的"开始创作"按钮

图 5-13 视频选择界面

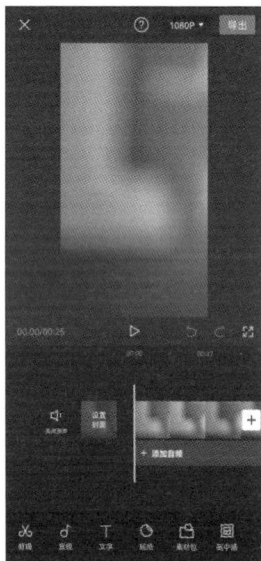

图 5-14 视频编辑界面

视频编辑界面的底部菜单栏功能列表包含"剪辑""音频""文字""贴纸""素材包"等多项功能，新媒体运营者可以据此对原始视频素材进行视频分割、视频变速、添加封面、添加背景音乐、添加字幕、添加特效等多项操作。

3. 视频剪辑

点击视频编辑界面底部的"剪辑"功能按钮✂️，即弹出"剪辑"功能项下的二级功能菜单栏，如图5-15所示。

图5-15 "剪辑"功能项下的二级功能菜单栏

（1）视频分割

原始视频素材通常需要经过裁剪处理，以保留需要的部分，删除不需要的部分。因此，新媒体运营者需要使用视频分割功能，对原始视频素材进行分割。

第一步：在视频编辑界面视频画面的下方，显示了视频轨道及轨道上的时间轴（轨道上的竖线标志），如图5-16所示。

第二步：将轨道上的时间轴拖动至需要裁剪的画面时间点，点击界面底部二级功能菜单栏中的"分割"功能按钮▮▮，如图5-17所示。

第三步：点击"分割"功能按钮▮▮后，原始视频素材即以时间轴为基点，被分割为两段；分割完成后，时间轴的左侧和右侧会显示分割标记，如图5-18所示。

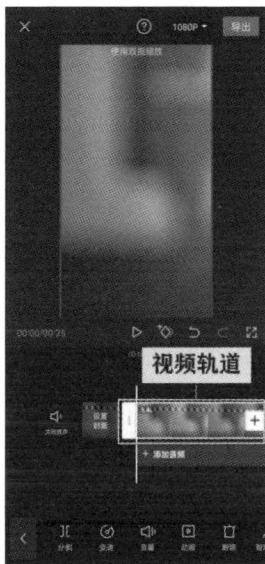

图5-16 视频编辑界面中的视频轨道

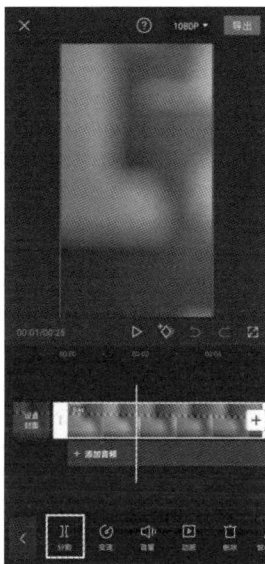

图5-17 分割前的视频轨道

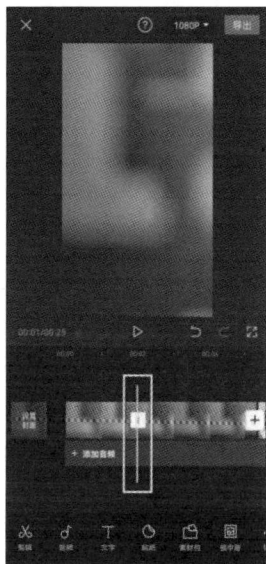

图5-18 分割后的视频轨道

（2）视频变速

第一步：进入视频编辑界面，点击视频轨道上的视频画面，点击界面底部二级功能菜单中的"变速"功能按钮⏱️，如图5-19所示。

第二步：在新弹出的功能栏中，点击"常规变速"功能按钮⬈，如图5-20所示。

第三步：进入调整播放速率的界面，点击界面底部的速度标码，将视频调整至2倍速，如图5-21所示。

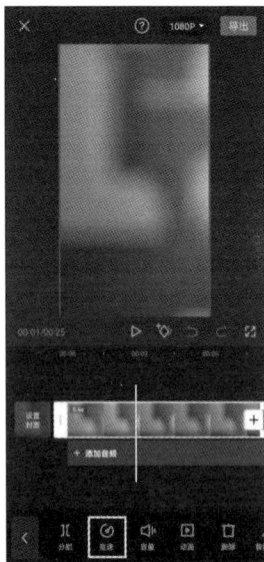
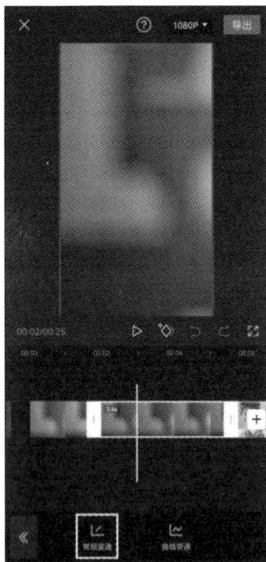
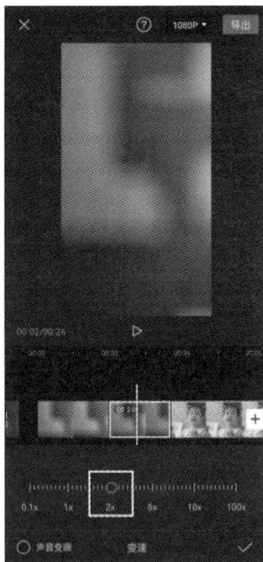

图 5-19　点击"变速"功能　　　图 5-20　点击"常规变速"　　图 5-21　调整播放速率的
　　　　　按钮◎　　　　　　　　　　　　功能按钮┗　　　　　　　　界面

第四步：完成播放速率的调整后，点击界面右下角的"完成"按钮☑，即可完成视频的变速设置。

4. 添加封面

第一步：进入视频编辑界面，点击视频轨道左侧的"设置封面"按钮，如图 5-22所示。

第二步：在界面底部新弹出的"封面设置"弹窗中，可以选择视频素材中的某帧画面作为封面图，也可以从移动端相册中导入图片作为封面图，如图 5-23 所示。

第三步：此处以视频画面的封面图为例，讲解后续操作步骤。将"封面设置"弹窗中的时间轴拖动至视频轨道中作为封面的画面时间点，选定需要作为封面图的视频画面。

第四步：点击"封面设置"弹窗底部的"添加文字"按钮，进入对应界面，在画面上添加文字标题，如图 5-24 所示。

第五步：点击界面右上角的"保存"按钮，即可完成视频封面的添加。

5. 添加音乐

添加音乐有助于为视频渲染特定的氛围。

第一步：进入视频编辑界面，点击视频轨道下方的"添加音频"按钮，如图 5-25所示。

第二步：视频编辑界面下方随即弹出"添加音频"功能的二级功能菜单栏，点击其中的"音乐"按钮，如图 5-26 所示。

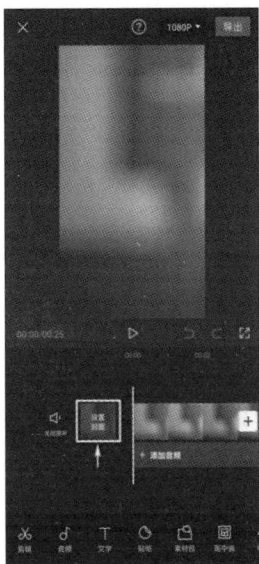

图 5-22　点击"设置封面"按钮　图 5-23　"封面设置"弹窗　图 5-24　"添加文字"界面

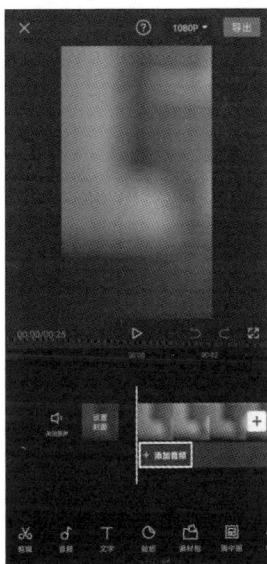

图 5-25　点击"添加音频"按钮　图 5-26　点击"音乐"按钮

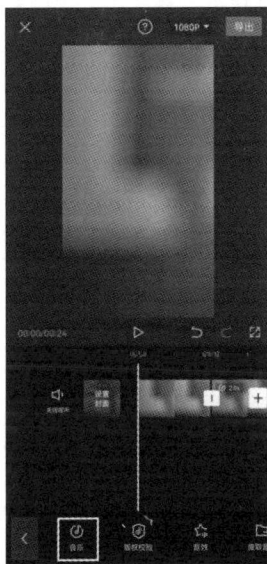

第三步：进入"添加音乐"界面，从中选择合适的音乐。点击所选中音乐右侧的"下载"按钮 ，下载完成后，原来的"下载"按钮 变为"使用"按钮 ，如图 5-27 所示。

第四步：点击"使用"按钮，返回视频编辑界面，则所选中的音乐的音频轨道会显示于视频轨道之下，如图 5-28 所示。

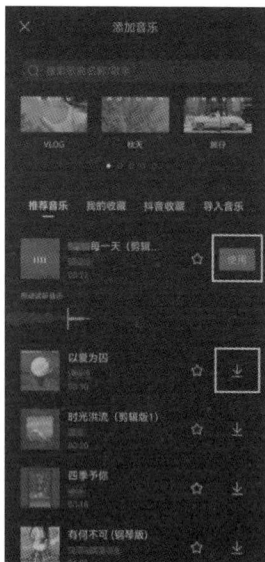

图 5-27 "添加音乐"界面

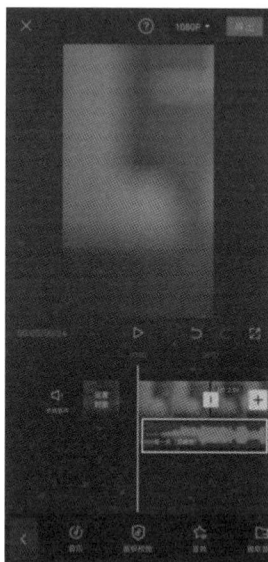

图 5-28 返回视频编辑界面

6. 导出视频

第一步：点击视频编辑界面右上角的"导出"按钮，如图 5-29 所示，即可将已编辑好的视频文件导出并自动保存在移动端的相册内。

第二步：点击保存界面中的"抖音"按钮，如图 5-30 所示，即可将该条视频一键上传至新媒体运营者运营的抖音账号。

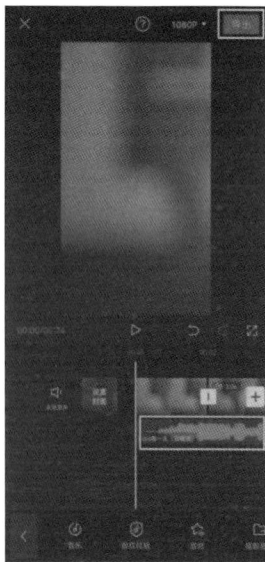

图 5-29 点击"导出"按钮

图 5-30 点击"抖音"按钮

▶▶▶ 5.3.2　使用必剪 App 制作文字视频

必剪 App 是哔哩哔哩推出的一款视频剪辑类 App，该 App 的定位是一款"年轻人都在用"的剪辑工具。文字视频是目前较为流行的一种视频呈现形式，该类视频没有图像，由呈现缩放、旋转效果的逐句展现的文字构成视频的主要内容。必剪 App 提供了大量的文字视频模板，降低了新媒体运营者制作文字视频的难度。

1.　选择文字视频模板

第一步：从移动端打开必剪 App 并登录，进入"创作"界面，点击界面中的"文字视频"按钮，如图 5-31 所示。

第二步：进入"选择模板"界面，点击并选中合适的模板（此处以"新春文案"模板为例），点击界面下方的"去制作"按钮，如图 5-32 所示。

第三步：待系统完成模板下载后，即可进入文字视频的制作环节。

图 5-31　点击"创作"界面中的"文字视频"按钮

图 5-32　选中合适的模板并点击"去制作"按钮

2.　编辑文本

第一步：模板下载完毕后，即可自动跳转至"选择输入方式"界面，点击"输入文字"按钮，如图 5-33 所示。

第二步：进入"输入文字"界面，将拟好的文本输入或复制至文本框中，点击界面右上角的"生成视频"按钮，如图 5-34 所示。

第三步：进入"视频剪辑"界面，点击文本右侧的"文字编辑"按钮，如图 5-35 所示。

第四步：进入"文字编辑"界面，对每一段文字进行编辑和调整，调整完毕后，点击界面右上角的"完成"按钮，如图 5-36 所示。

图 5-33　点击"输入文字"按钮　　图 5-34　点击"生成视频"　　图 5-35　点击"文字编辑"
　　　　　　　　　　　　　　　　　　　　按钮　　　　　　　　　　　　按钮

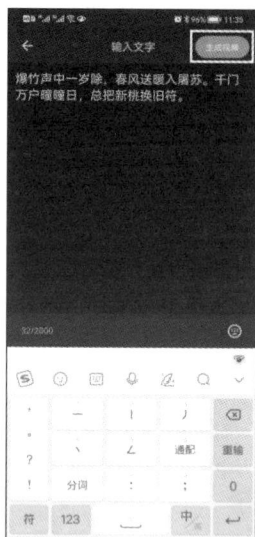

第五步：返回"视频剪辑"界面，此时界面中的文本呈现效果即为调整后的效果。点击界面底部菜单栏中的"文本样式"按钮，如图 5-37 所示。

第六步：在新弹出的"文本样式"弹窗中对文字的"字体""样式"等进行编辑，编辑完成后，点击"文本样式"弹窗右上角的"完成"按钮✔，如图 5-38 所示，完成视频中文本样式的设置。

图 5-36　点击"完成"按钮　　图 5-37　点击"文本样式"按钮　　图 5-38　点击"完成"按钮

3. 更换背景

第一步：进入"视频剪辑"界面，点击界面底部菜单栏中的"更换素材"按钮，如图 5-39 所示。

第二步：跳转至"选择素材"界面，查找所需素材，点击"最近项目"按钮，即可在移动端的本地相册中选择素材，如图 5-40 所示。

第三步：点击选择素材，返回"视频剪辑"界面，即可完成视频背景的更换，如图 5-41 所示。

图 5-39　点击"更换素材"
按钮

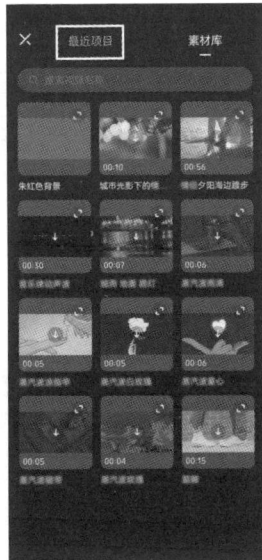

图 5-40　点击"最近项目"
按钮

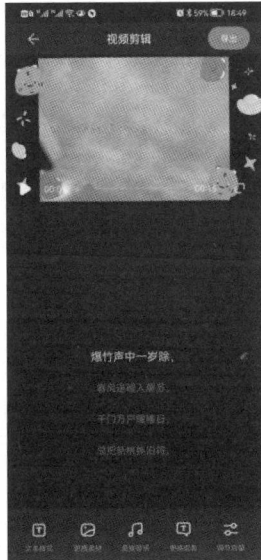

图 5-41　更换视频背景后的
"视频剪辑"界面

4. 更换音乐

第一步：进入"视频剪辑"界面，点击界面底部菜单栏中的"更换音乐"按钮，如图 5-42 所示。

第二步：跳转至"音乐素材"界面，点击并选择中意的线上音乐或本地音频，如图 5-43 所示，即可完成对文字视频模板中背景音乐的更换。

5. 导出视频

第一步：进入"视频剪辑"界面，点击界面右上角的"导出"按钮，如图 5-44 所示，即可将视频内容保存至移动端的相册中。

第二步：跳转至"发布"界面，对视频内容的"分区""标题""类型""标签"等信息进行设置，如图 5-45 所示。点击界面下方的"发布 B 站 每日瓜分奖金"按钮，即可将视频一键上传至新媒体运营者运营的哔哩哔哩账号。

图 5-42　点击"更换音乐"按钮

图 5-43　在"音乐素材"界面点击并选择音乐

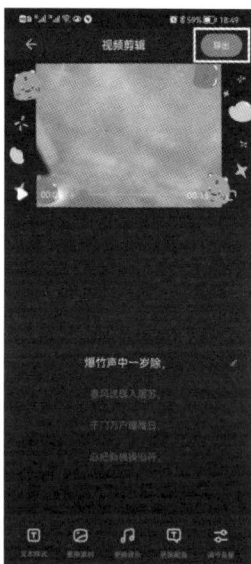

图 5-44　点击"导出"按钮

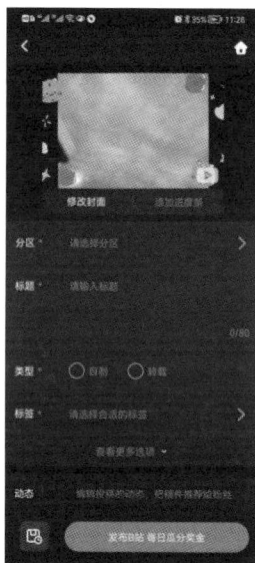

图 5-45　"发布"界面

5.4　音频/视频的转换处理

在实际工作中，新媒体运营者常常因为所收集的音频/视频素材格式不符合要求而无法直接使用，或是需要将音频中的内容输出为文字稿。面对这类情况，新媒体运营者可以通过不同的音频/视频转换处理工具顺利完成工作任务。

▶▶▶ 5.4.1 音频/视频格式转换

市面上的音频/视频转换处理工具较多，其中以格式工厂为人所熟知。格式工厂是一款支持多种格式转换的 PC 端工具，操作简单易上手。

从 PC 端打开格式工厂，其首页主要分为三大区域，即左侧顶部的"菜单栏"、左侧的"功能面板"、占据页面较大区域的"视频列表"，如图 5-46 所示。

图 5-46　格式工厂首页

左侧的"功能面板"中有"视频""音频""图片""文档""光驱设备/DVD/CD/ISO"等媒体形式的转换选项。

此处以"视频"为例，介绍格式工厂的视频格式转换功能与操作步骤。

第一步：单击格式工厂首页左侧"视频"功能面板上的"->MP4"选项，弹出新的"视频文件添加与设置"面板，单击面板中间的"添加文件"选项，如图 5-47 所示。

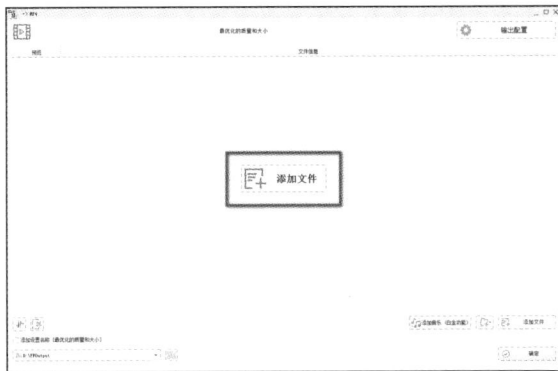

图 5-47　单击"添加文件"选项

第二步：在新弹出的"请选择文件"弹窗中选中视频文件，单击右下方的"打开"按钮，如图 5-48 所示，即可完成视频文件的添加。

图 5-48　选中视频文件并单击"打开"按钮

第三步：返回"视频文件添加与设置"面板，面板中显示已添加的视频文件，单击面板右上方的"输出配置"按钮，如图 5-49 所示。

图 5-49　单击"输出配置"按钮

第四步：在新弹出的"视频设置"弹窗中单击"最优化的质量和大小"选项，如图 5-50 所示。

第五步：在新弹出的下拉列表中选择想要输出的格式质量与大小，单击"视频设置"弹窗右下角的"确定"按钮，完成视频设置，如图 5-51 所示。

第六步：再次返回"视频文件添加与设置"面板，单击面板左下角的"文件夹"按钮，在此更改文件存储位置，单击面板右下角的"确定"按钮，如图 5-52 所示，即可进行视频文件的格式转换。

最终，格式工厂将按照新媒体运营者提前设置的视频质量与大小标准，生成新的MP4 格式的视频文件。

图 5-50　单击"最优化的质量和大小"选项

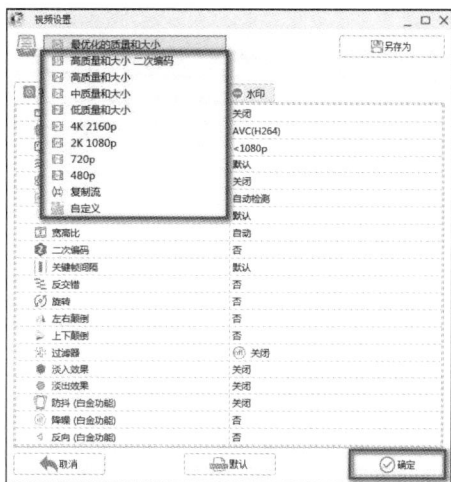

图 5-51　选择想输出的格式质量与大小并
单击"确定"按钮

图 5-52　再次返回"视频文件添加与设置"面板

▶▶▶ 5.4.2　音频转换文字

新媒体活动运营过程中，新媒体运营者时常遇到制作会议纪要、整理演讲稿等工作，这类工作的要点是将音频内容快速整理成文档。在此情况下，新媒体运营者熟练使用音频转换文字工具的相关功能，可以大幅提升工作效率。

音频转换文字的平台和工具较多，其中，科大讯飞股份有限公司（以下简称"科大讯飞"）开发的智慧办公服务平台——讯飞听见的功能相对较为完备。科大讯飞是一家智能语音和人工智能上市企业，讯飞听见是其旗下用于帮助新媒体运营者实现多种场景下的音频转换和处理的服务平台。

该平台的功能需要付费使用，新用户可以在一定期限内免费使用部分功能。此处以讯飞听见为例，介绍其音频转换文字功能的应用。

第一步：通过 PC 端浏览器搜索关键词"讯飞听见"，进入其官方网站，注册并登录。

第二步：单击讯飞听见首页的"转文字"选项，如图 5-53 所示。

图 5-53　进入讯飞听见官网首页并单击"转文字"选项

第三步：进入"转文字"页面，页面中显示"机器快转"与"人工精转"两项功能，此处以"机器快转"功能为例，单击该功能下的"上传音频"选项，如图 5-54 所示。

图 5-54　进入"转文字"页面并单击"上传音频"选项

第四步：通过单击上传或拖曳的方式，将音频、视频文件添加至"机器快转"页面的文件添加框中，如图 5-55 所示。

图 5-55 "机器快转"页面

第五步：对"机器快转"页面右侧的"音频语言""出稿类型"等信息进行选择，确定音频中所使用的语言，输出稿件为文稿还是字幕，以及是否区分说话人等。

第六步：完成设置后，单击页面右下方的"提交转写"按钮，如图 5-56 所示，进入订单支付环节，确认支付并转写。

图 5-56 单击"提交转写"按钮

实战训练

请尝试使用快剪 App 制作一条旅游短视频。

思考与练习 ●●●

1.短视频的概念是什么？

2.请尝试撰写一条时长为一分钟的短视频拍摄脚本。

3.请使用本章介绍的视频剪辑工具拍摄并剪辑一条视频，请同学观看和评价。

第6章
新媒体运营辅助工具

【学习目标】
➢ 了解社群直播与激活工具。
➢ 了解数据表单工具。
➢ 了解在线协作工具与私域流量运营工具。
➢ 了解 AI 写作与设计工具。

新媒体运营，是通过现代化移动互联网手段，借助抖音、快手、微信、微博等新媒体平台进行产品营销的一系列运营手段。为了高效完成新媒体运营工作，新媒体运营者必须熟练掌握相关辅助工具的使用方法与技巧。常用的新媒体运营辅助工具包含社群直播工具、社群激活工具、数据表单工具、在线协作工具、私域流量运营工具、AI 写作与设计工具等。

6.1 社群直播工具

随着流量获取成本递增，各大品牌和企业对私域流量的运营愈加重视。私域是指品牌和企业拥有的可重复、低成本甚至免费触达用户的场域。私域流量即品牌和企业可以在其私域内直接触达的用户。在私域内，用户往往是以社群为组织集结的，如微信群、QQ 群等。

6.1.1 微信群直播

在直播日渐普及的当下，社群直播也发展得如火如荼。虽然社群直播观看人数有限，但沉淀在群内的用户多是黏性高、忠诚度高的私域流量。在用户与主播的强信任关系下，社群直播的转化率往往十分可观。微信拥有庞大的用户基数及完备的生态系统，是私域流量的主要聚集地，也是品牌和企业极为重视的用户运营和社群运营的场域。

微信群直播功能主要用于单个微信群内的群直播。此处以移动端的微信 App 为例。微信群内的任意一名用户均可发起直播，群内用户可以自行选择观看的具体场次，在直播间发起"语音连麦"并与主播"连麦"。直播结束后，主播也可以查看本场直播的相关数据。

1. 发起微信群直播

第一步：打开微信 App，进入微信群聊天界面，点击界面中的⊕选项，如图 6-1 所示。

第二步：点击新弹出的下拉菜单中的"群直播"选项，如图 6-2 所示，即可开启微信群直播。

第三步：在"微信群直播"提示界面中勾选"我同意并遵守《微信直播功能行为规范》"选项，点击"我知道了"选项。

第四步：进入"直播创建"界面，点击"主题"选项下方文字，对本场直播的主题进行设置，如图 6-3 所示。点击界面下方的"开始直播"按钮，即可发起微信群的直播活动。

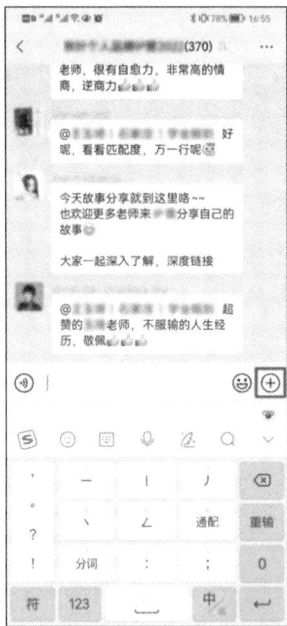

图 6-1　微信群聊天界面　　图 6-2　点击"群直播"选项　　图 6-3　进入"直播创建"界面并设置直播的主题

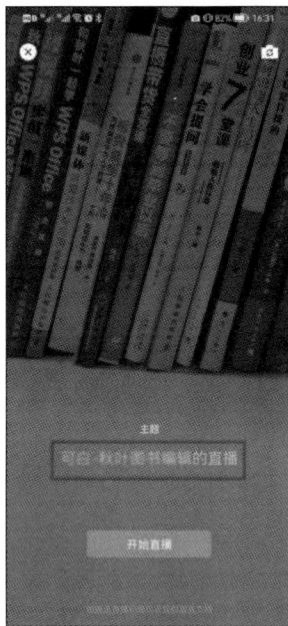

2. 连麦

第一步：进入微信群直播间界面，点击界面右下角的"连麦"按钮📞，如图 6-4 所示。当有其他群内用户主动发起"连麦"时，该按钮右下角会出现红色小点。

第二步：在新出现的"连麦"弹窗中，点击"连麦"用户头像右侧的"接通"按钮，如图 6-5 所示。

第三步：返回微信群直播间界面，新媒体运营者即可与"连麦"用户进行实时语音互动，直播间评论区上方也将出现相关系统通知，如图 6-6 所示。

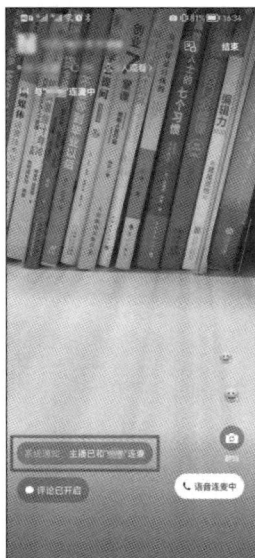

图 6-4　点击"连麦"按钮　　图 6-5　"连麦"弹窗中点击　　图 6-6　"连麦"中的微信群
　　　　　　　　　　　　　　　　　　"接通"按钮　　　　　　　　直播间界面

3. 结束直播并查看数据

第一步：点击微信群直播间界面右上角的"结束"选项，如图 6-7 所示。

第二步：进入"直播已结束"界面，在界面中查看本场直播的总时长、观众数、评论数、点赞数等信息，如图 6-8 所示。

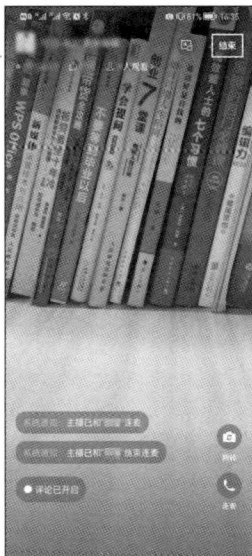

图 6-7　点击"结束"选项　　　　　　图 6-8　"直播已结束"界面

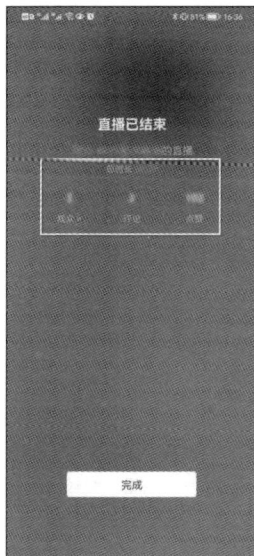

▶▶▶ 6.1.2　小鹅通直播

小鹅通是专注在线教育的技术服务平台，业务包含软件即服务（Software as a Service，SaaS）、流量服务及生态服务三大模式，从工具、数据、流量、人才等多方面为教育机构及内容从业者提供品牌传播、营销推广、商业变现等服务。需要注意的是，新媒体运营者在开通小鹅通会员后，方可使用该平台的直播功能。

小鹅通直播的基本操作步骤如下。

1. 注册登录

通过 PC 端浏览器搜索关键词"小鹅通"，进入其官方网站，新媒体运营者可以直接使用微信扫码的方式进行注册与登录，登录后即可进入小鹅通网站首页。

2. 创建直播

第一步：进入小鹅通网站首页，可以看到小鹅通的"直播"功能包含"新建直播"和"直播管理"两大板块，单击首页左侧菜单栏中的"直播"选项，默认进入"直播管理"页面，该页面显示内容为账号的直播历史记录。

第二步：单击"直播"功能页面中的"新建直播"选项，如图 6-9 所示。

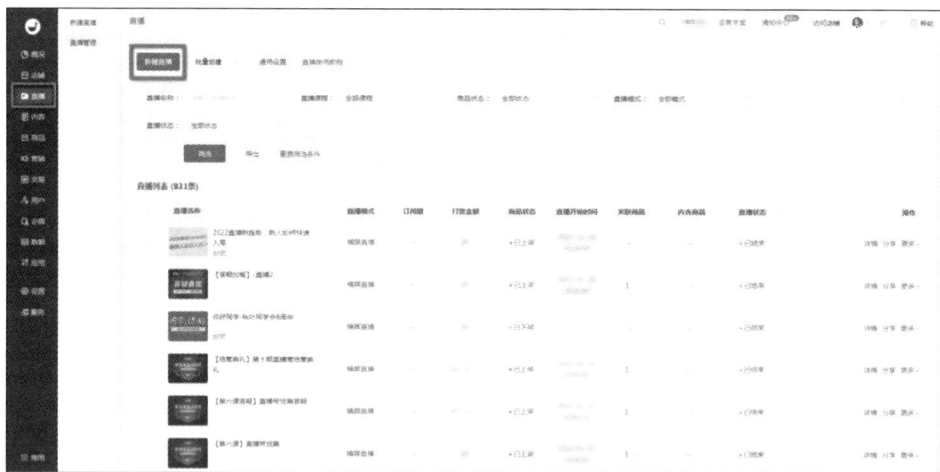

图 6-9　单击"直播"功能页面中的"新建直播"选项

第三步：进入"新建直播"页面，该页面包含"直播模式""基本信息""商品信息""上架设置" 4 个板块，部分截图如图 6-10 所示。

"直播模式"：包含"视频直播""语音直播""录播直播" 3 个选项，其中"视频直播"又分为"横屏直播"和"竖屏直播"。

"基本信息"：包含"直播名称""直播简介""直播时间""详情封面"等直播基本信息。

"商品信息"：包含"售卖方式""商品分组"等信息。

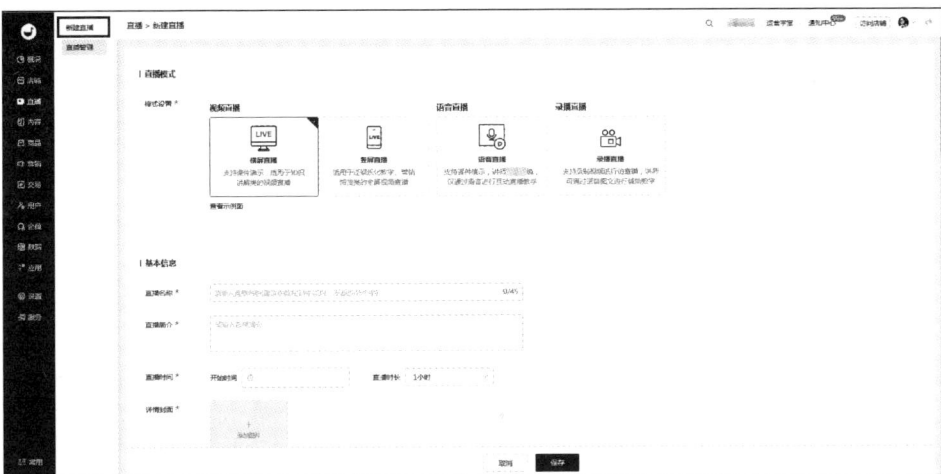

图 6-10 "新建直播"页面

"上架设置"：包含"立即上架""定时上架""暂不上架"3 个选项。

第四步：完成第三步中所有信息的设置后，单击"新建直播"页面下方的"保存"选项，即可完成本场直播的创建操作。

3. 添加讲师

小鹅通直播中的讲师对应的是直播活动的主播。创建直播后，讲师可扫描直播间二维码，登录并开播。

在创建直播环节，新媒体运营者可以在"新建直播"页面中，通过"讲师设置"板块添加讲师。单击"讲师设置"板块中的"添加讲师/助教"选项，添加指定人员为讲师，如图 6-11 所示。

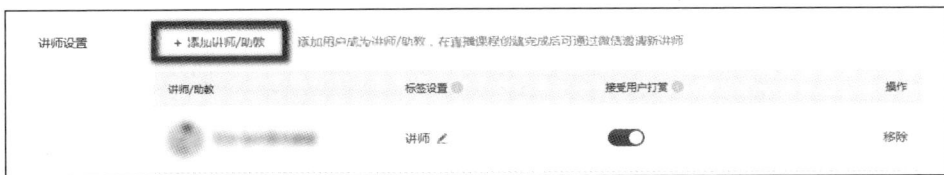

图 6-11　单击"添加讲师/助教"选项并添加指定人员为讲师

如遇讲师人选尚未确定的情况，新媒体运营者在创建直播环节可以暂不添加讲师信息；完成直播创建后，新媒体运营者仍可以继续添加讲师信息。这种讲师信息添加机制有利于新媒体运营者对直播活动进行灵活筹备。

直播创建完成后，继续添加讲师信息的步骤如下。

第一步：完成直播创建的操作后，返回"直播管理"页面，直播列表即会显示此前创建的直播信息，如图 6-12 所示。

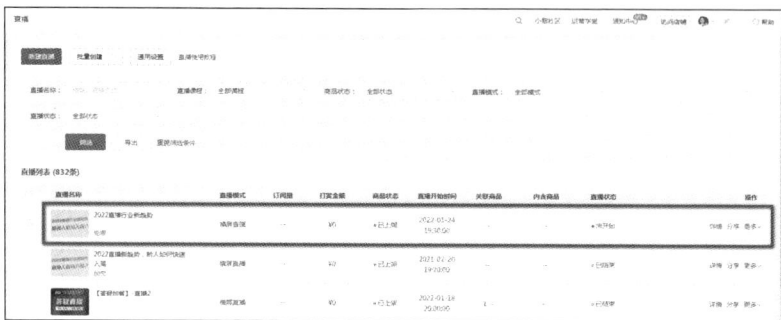

图 6-12　"直播管理"页面

第二步：单击需要添加讲师信息的直播间条目右侧的"详情"选项。

第三步：进入"直播间详情"页面，单击页面中的"直播间设置"选项，如图 6-13 所示。

图 6-13　单击"直播间设置"选项

第四步：在新弹出的"直播间设置"功能页面中单击"添加讲师/助教"选项，如图 6-14 所示。

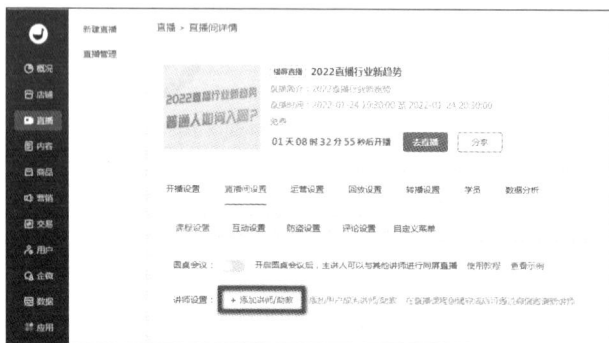

图 6-14　单击"添加讲师/助教"选项

第五步：在新弹出的"添加讲师"弹窗中，单击并选定人员列表中的指定人员，选定人员信息即会出现在弹窗右侧的"已选"列表中，如图 6-15 所示。单击"添加讲师"弹窗右下角的"确认"选项，即可完成讲师信息的添加。

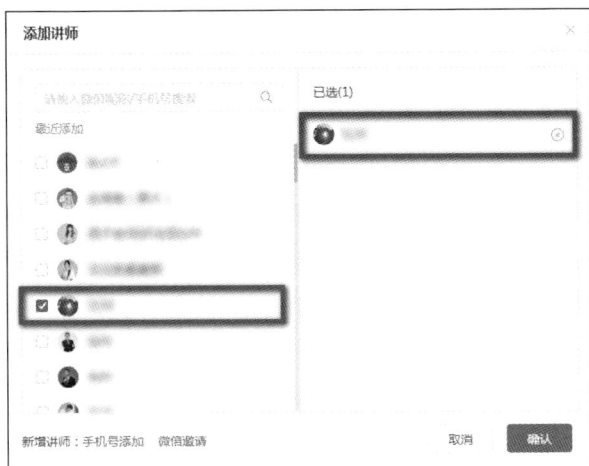

图 6-15　"添加讲师"弹窗

　　第六步：返回"直播间设置"功能页面，即可查看已添加的讲师信息，如图 6-16 所示。

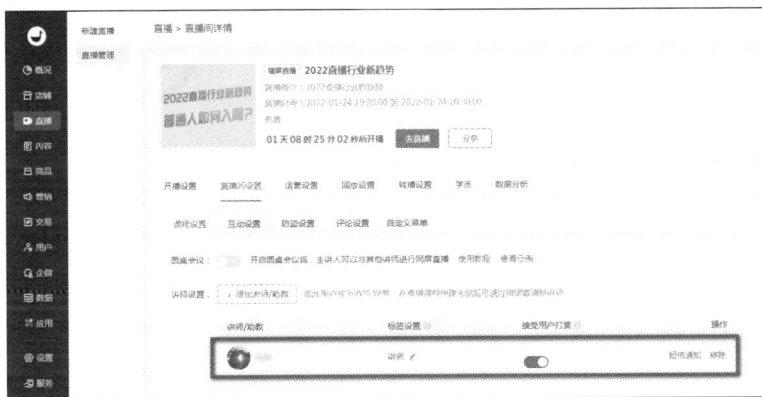

图 6-16　返回"直播间设置"功能页面并查看已添加的讲师信息

4. 直播开播

　　单击页面中的"开播设置"选项，进入"开播设置"功能页面，自行选择合适的开播方式，如图 6-17 所示。

　　小鹅通为企业和机构提供了多种直播开播方式，如"邀请讲师开播""自己开播""第三方推流到直播间"等。

　　"邀请讲师开播"对应前文所讲"添加讲师"的内容。完成讲师信息的添加后，新媒体运营者即可向讲师发送开播信息并邀请讲师开播。

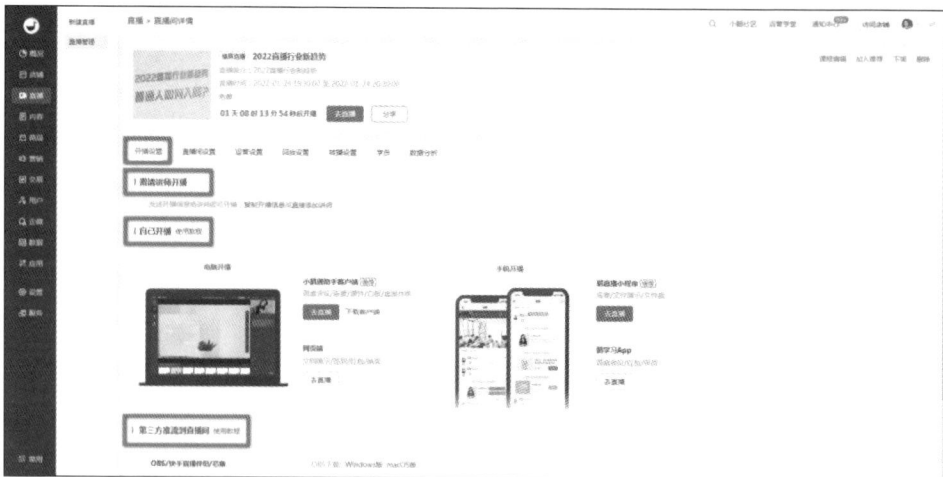

图6-17 "开播设置"功能页面

"自己开播"是指创建直播的新媒体运营者直接作为主播开播。

"第三方推流到直播间"是指新媒体运营者在小鹅通创建直播后，可以通过OBS/快手直播伴侣等软件，将直播间信息同步至第三方平台，实现多平台直播。

5. 分享直播间

完成直播创建、讲师添加并确定开播方式后，新媒体运营者还需要提前进行直播预热，将直播间链接、二维码通过社群、朋友圈等渠道进行扩散，同时提醒用户及时前往直播间观看直播。

第一步：进入"直播管理"页面，在直播列表中查找待分享的直播间条目，单击该条目右侧的"分享"选项，如图6-18所示。

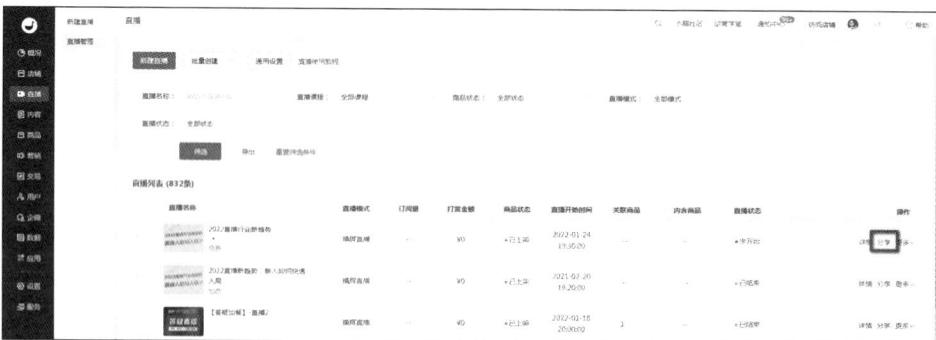

图6-18 单击待分享的直播间条目右侧的"分享"选项

第二步：新弹出的"分享"弹窗包含"鹅直播小程序"与"店铺H5"两个选项，如图6-19所示，单击两个选项下方的"复制链接"选项，均可以生成直播间链接。"店铺H5"支持设置分享语和海报，还支持直播"带货"和打赏，因此目前"店铺H5"的分享链接更为常用。

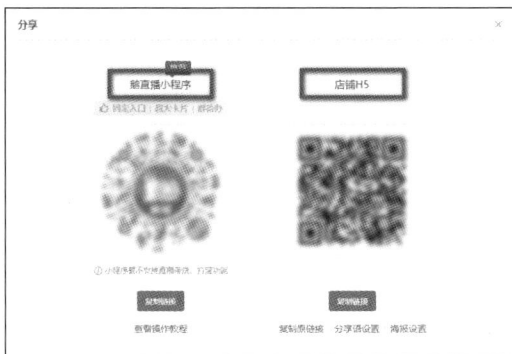

图 6-19 "分享"弹窗

实战训练

请尝试完成小鹅通的直播创建操作。

6.2 社群激活工具

大部分的社群都是以群内用户转化为目标,而用户关系维护则是用户转化的前提条件。很多新媒体运营者不擅长社群运营,最终导致社群逐渐丧失价值与活力,用户转化也成为无源之水、无本之木。新媒体运营者应善用各类小工具,以提升社群的活跃性和社群活动的用户参与热情。

▶▶▶ 6.2.1 腾讯黄金红包

腾讯黄金红包是腾讯旗下的一款基于用户的社交、消费等需求而提供相关服务的小程序。相较于传统的现金红包,腾讯黄金红包的形式更为新颖,用户积累的黄金数量可以直接兑换实物黄金。新媒体运营者发放腾讯黄金红包,更易引发群内用户的关注,活跃社群氛围。本小节将具体介绍腾讯黄金红包的发放方法。

1. 打开小程序

第一步:从移动端打开微信 App,通过 App 搜索入口搜索关键词"腾讯黄金红包",点击"小程序"选项,其搜索结果界面如图 6-20 所示。

第二步:点击搜索结果,进入小程序首页,如图 6-21 所示。

2. 发黄金红包

第一步:点击小程序首页中的"发黄金红包"按钮,如图 6-22 所示。

第二步:进入"黄金红包"界面,在"如意""事业""爱情"等祝福选项中任选其一,输入黄金红包的总质量及赠送人数,系统将自动核算对应需要支付的人民币金额；完成设置后，点击界面下方的"发红包"按钮，如图 6-23 所示。

第三步：在新弹出的"金额确认"弹窗中确认需要支付的人民币金额，确认无误后，勾选"同意…"复选框并点击弹窗右下方的"确认"选项，如图 6-24 所示。

图 6-20 "腾讯黄金红包"搜索结果界面

图 6-21 小程序首页

图 6-22 点击"发黄金红包"按钮

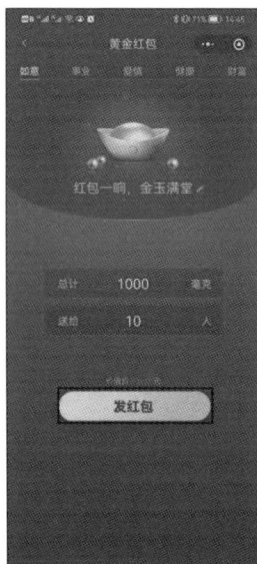

图 6-23 点击"发红包"按钮

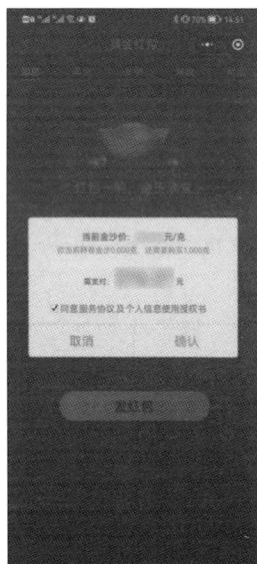

图 6-24 "金额确认"弹窗

第四步：跳转至支付界面，支付黄金红包对应的人民币金额。

第五步：完成支付后，系统将自动弹出"发红包"界面，如图 6-25 所示，点击界面中的"发红包"按钮。

第六步：进入"好友选择"界面，从好友列表中选择想要发放黄金红包的微信群，在新弹出的"发送给"弹窗中点击"发送"选项，如图 6-26 所示，即可向指定微信群发放黄金红包。

图 6-25 "发红包"界面

图 6-26 "好友选择"界面

▶▶▶ 6.2.2 活动抽奖

活动抽奖也是较为常用的社群激活方法。活动抽奖小程序是一款可用于微信群抽奖、公众号抽奖的免费小程序，本小节将具体介绍该款小程序的使用方法。

1. 打开小程序

第一步：从移动端打开微信 App，通过 App 搜索入口搜索关键词"活动抽奖"，其搜索结果界面如图 6-27 所示。

第二步：在搜索结果界面中点击"活动抽奖-小程序"并进入其首页，如图 6-28 所示。

2. 抽奖设置

第一步：点击小程序首页下方菜单栏中的"发起抽奖"选项，如图 6-29 所示。

第二步：进入"发起抽奖"界面，点击界面中的"微信群抽奖"选项，如图 6-30 所示。

图 6-27 "活动抽奖"搜索结果界面

图 6-28 小程序首页

图 6-29 点击"发起抽奖"选项

图 6-30 点击"微信群抽奖"选项

第三步：进入"微信群抽奖"设置界面，系统提供了"奖品""红包""优惠券""兑换码"等奖励选项，此处以"奖品"为例。在"奖品"板块中，对"奖品名称""奖品数量""抽奖说明"等信息进行填写和设置，如图 6-31 所示。

第四步：在"微信群抽奖"设置界面中进行"提升中奖率玩法"与"参与条件玩法"设置，如图 6-32 所示。为提升群内用户的体验感，可以在"微信群抽奖"设置界面中开启"仅微信群成员可参与"选项。为鼓励群内用户扩散活动信息，吸引更多新用户入群，可以在"微信群抽奖"设置界面中开启"邀请好友助力提升中奖率"选项。

第五步：完成设置后，点击"微信群抽奖"设置界面底部的"发起抽奖"选项，即弹出"发起抽奖成功"弹窗，如图 6-33 所示。

图 6-31　微信群抽奖设置界面 1

图 6-32　微信群抽奖设置界面 2

图 6-33　"发起抽奖成功"弹窗

3. 分享抽奖活动

第一步：关闭"发起抽奖成功"弹窗，跳转至抽奖活动生成界面，点击界面右下角的"分享至群聊"选项，如图 6-34 所示。

第二步：进入"分享"界面，点击界面下方的"默认分享图设置"选项，如图 6-35 所示。

第三步：进入"默认分享图设置"界面，选择其他的分享图样式或自定义分享图样式，如图 6-36 所示。完成设置后，点击"设置为默认分享图"选项。

第四步：返回"分享"界面，点击"分享至群聊"选项，如图 6-37 所示。

第五步：跳转至"发给好友的卡片样式"弹窗，左右划动界面并选择合适的卡片样式，点击"发送给好友"选项，如图 6-38 所示。

第六步：进入"好友选择"界面，从好友列表中选择想要发送抽奖活动的微信群，在新弹出的"发送给"弹窗中点击"发送"选项，如图 6-39 所示，即可向指定微信群发送抽奖活动信息。

图 6-34　点击"分享至群聊"选项

图 6-35　点击"默认分享图设置"选项

图 6-36　"默认分享图设置"界面

图 6-37　点击"分享至群聊"选项

图 6-38　点击"发送给好友"选项

图 6-39　在"发送给"弹窗中点击"发送"选项

请尝试完成活动抽奖的微信群抽奖操作。

>>> 6.2.3 答题活动

答题已成为节日营销、新品推广、知识科普等活动中最受欢迎的互动方式之一。新媒体运营者在运营社群时，可以设计答题活动。答题活动既可以传播相关知识，吸引用户参与和传播，又可以给予用户优惠券或实物奖品，吸引用户关注，增强用户黏性，给用户带来新鲜感。对于学习型的社群而言，"每日一答"活动可以有效帮助用户巩固知识，提高社群的活跃度。

人人秀是一个一站式互动营销服务平台，提供宣传展示、活动营销、用户运营、企业集成等多场景营销服务，助力企业进行全渠道获客、私域流量运营。人人秀拥有300多种互动营销玩法，超过10万款活动模板，所有产品功能均可自由组合。

新媒体运营者可以利用该平台的答题、抽奖、小游戏等功能，帮助个人或企业设计多样的互动营销活动。此处介绍人人秀的"每日一答"功能的实操步骤。

1. 选择模板

第一步：通过 PC 端浏览器搜索关键词"人人秀"，进入其官方网站首页，注册并登录。单击首页上方的"免费模板"选项，如图 6-40 所示。

图 6-40 单击"人人秀"官方网站首页上方的"免费模板"选项

第二步：进入"免费模板"页面，将鼠标指针移至搜索框左侧的"全场景"字样上，如图 6-41 所示。

第三步：在新弹出的"全场景"下拉弹窗中，单击"答题学习"板块中的"每日一答"选项，如图 6-42 所示。

图 6-41　"免费模板"页面

图 6-42　单击"答题学习"板块中的"每日一答"选项

第四步：进入"每日一答"功能页面，页面中包含"类型""用途""相关""功能""其他"等类型的模板筛选条件，如图 6-43 所示。新媒体运营者可以根据需要选择合适的模板。

图 6-43　"每日一答"功能页面

第五步：此处以"知识百科小课堂"模板为例，如图 6-44 所示。

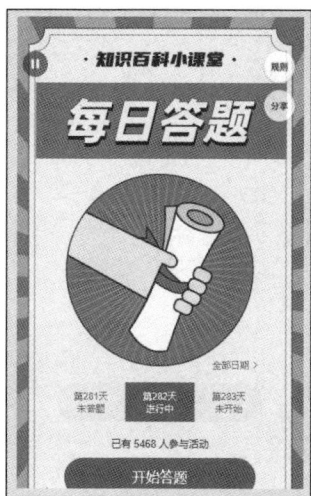

图 6-44 "知识百科小课堂"模板

2. 编辑模板

第一步：单击"每日一答"功能页面中的"知识百科小课堂"模板封面图，进入"知识百科小课堂"模板预览页面，选定模板的类型和用途，单击页面中的"发布活动"选项，如图 6-45 所示。

图 6-45 "知识百科小课堂"模板预览页面

第二步：进入模板编辑页面，单击页面上方的"基本设置"选项，进入"基本设置"页面，对"活动名称""活动时间""背景封面""活动规则"等进行设置，如图 6-46 所示。

图 6-46 "基本设置"页面

第三步：单击模板编辑页面上方的"题目设置"选项，进入"题目设置"页面，单击页面中的"添加题目"选项，如图 6-47 所示。

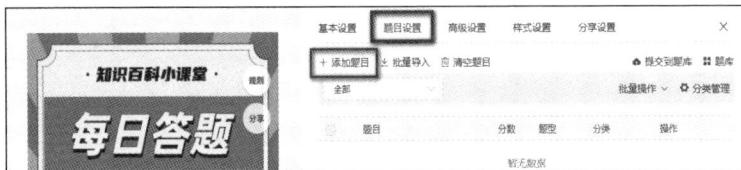

图 6-47 进入"题目设置"页面并单击"添加题目"选项

第四步：进入"编辑题目"页面，对"选择题型""题目""分类""题目类型"等信息进行设置，完成设置后，单击页面右下方的"确定"选项，如图 6-48 所示。

第五步：返回"题目设置"页面，此前编辑的题目信息已显示于页面中的题目列表中，如图 6-49 所示。新媒体运营者还可以单击"添加题目"选项右侧的"批量导入"选项，导入更多题目，或单击"清空题目"选项，删除已添加的题目。

第六步：分别单击模板编辑页面上方的"高级设置""样式设置""分享设置"选项，对模板的"活动设置""背景设置"等功能进行设置，修改"分享标题"和"分享描述"等信息。

图 6-48 "编辑题目"页面

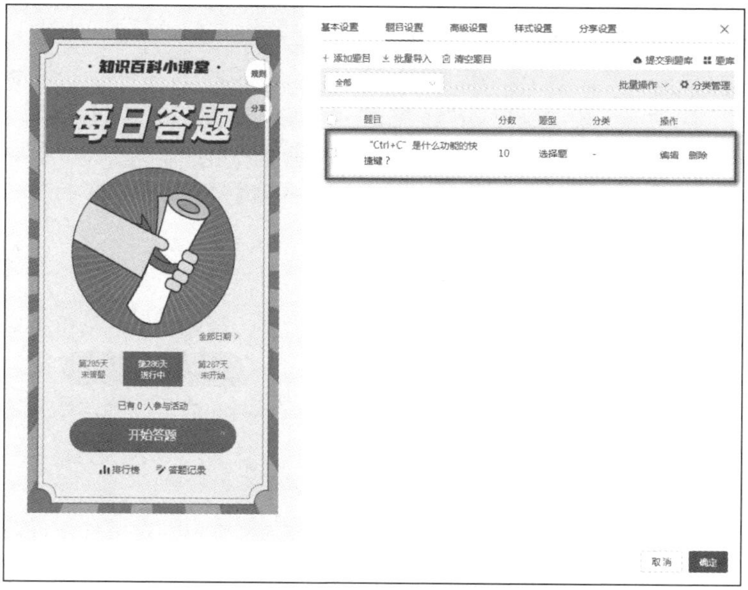

图 6-49 返回"题目设置"页面

3. 分享模板

完成所有设置后，单击模板编辑页面右下方的"确定"选项，进入"模板分享"页面，如图 6-50 所示。新媒体运营者可以复制已经完成制作的模板的链接或二维码，将其分享至个人或企业的社群中，供社群用户参加答题活动。

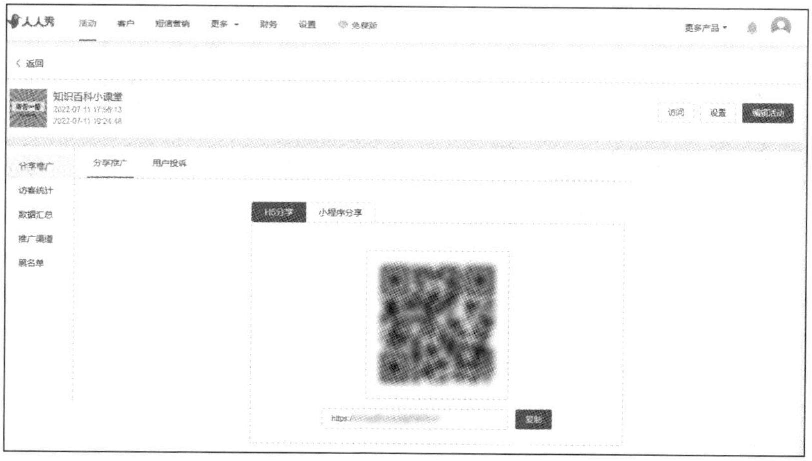

图 6-50 "模板分享"页面

实战训练

请尝试使用本节介绍的一种或多种社群激活工具制作和发布内容。

6.3 数据表单工具

表单是问卷调研、预约登记、在线考试的常用工具。数据表单工具涵盖表单绘制、填报、修改、录入等功能，可以帮助新媒体运营者提升用户信息收集、用户调研的工作效率。本节主要介绍两种常用的数据表单工具——微盟表单和金数据。

▶▶▶ 6.3.1 微盟表单

微盟是一家企业云端商业及营销解决方案提供商，微盟表单是微盟旗下的一款数据表单工具，其具体功能需要付费使用，新用户可以免费试用。新媒体运营者可以使用微盟表单创建表单小程序，快速完成商品购买预约、人员去向统计等信息收集和登记工作。

1. 打开微盟表单

通过 PC 端浏览器搜索关键词"微盟"，进入其官方网站，将鼠标指针移至网站首页顶部菜单栏中的"解决方案"选项，在弹出的下拉弹窗中单击"营销推广"—"微盟表单"选项，如图 6-51 所示。

图 6-51 微盟官方网站首页

2. 选择表单模板

第一步：单击"微盟表单"选项后进入"微盟表单"的后台页面，单击页面中的"新建"选项，如图 6-52 所示。

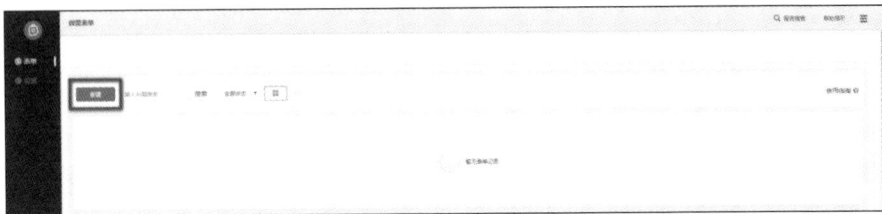

图 6-52 进入"微盟表单"的后台页面并单击"新建"选项

第二步：进入"微盟表单"页面，页面中包含"文本编辑表单""创建空白表单""选择表单模板"3 个功能板块，如图 6-53 所示。新媒体运营者可以根据需要选择使用不同的功能。一般而言，为提高表单制作效率，新媒体运营者可以使用"选择表单模板"功能。

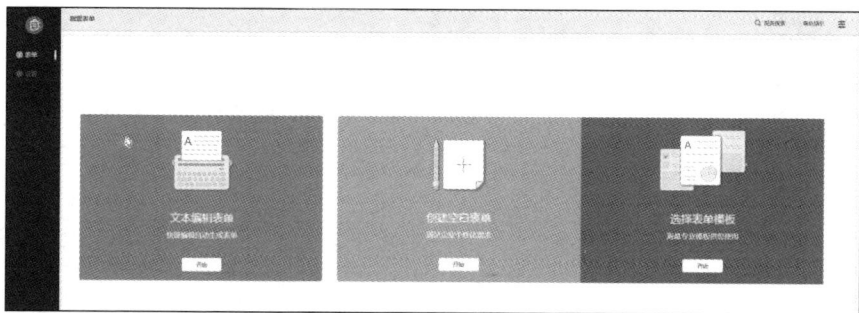

图 6-53 "微盟表单"页面

第三步：单击"选择表单模板"功能板块中的"开始"按钮。

第四步：进入"表单模板"页面，页面中的模板按"行业""用途""专题"三大板块进行划分，每个板块下设子板块，不同的子板块包含不同的模板样式，如图 6-54 所示。

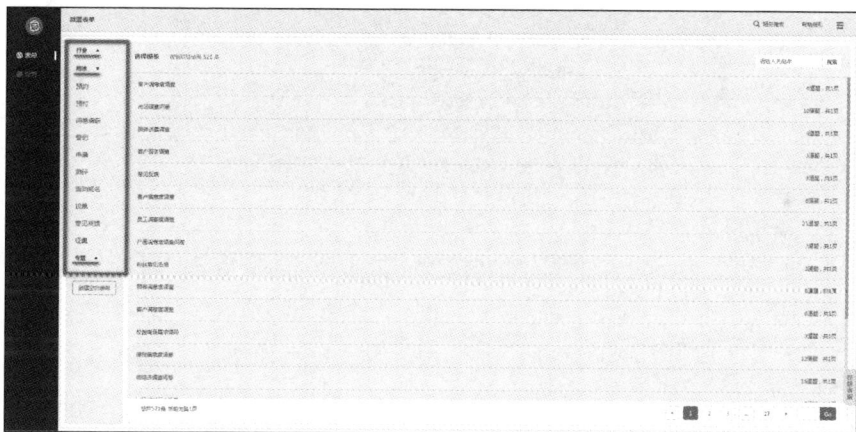

图 6-54 "表单模板"页面 1

第五步：在模板列表中单击不同的模板名称，页面右侧即弹出多个模板样式。此处以"用途"—"问卷调研"—"意见反馈"模板为例。单击该模板样式，单击"表单模板"页面下方的"使用该表单"按钮，如图 6-55 所示，即可完成表单模板的选择。

3. 制作表单

进入"表单制作"页面，该页面包含"编辑表单""外观设置""高级设置"三大功能板块，默认页面为"编辑表单"功能页面，如图 6-56 所示。

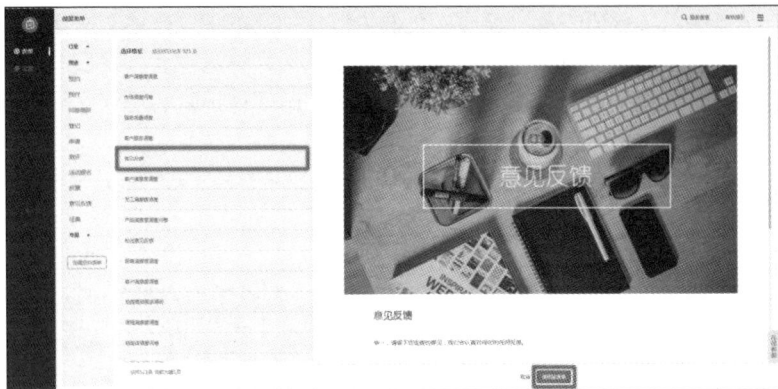

图 6-55 "表单模板"页面 2

图 6-56 "编辑表单"功能页面

（1）编辑表单

第一步：添加表单内容样式。"编辑表单"功能页面左侧包含"单选""多选""下拉""单行填空""多行填空""地址""邮箱"等表单内容选项，单击左侧选项，即可在表单原有内容末端新增对应内容样式，如图 6-57 所示。

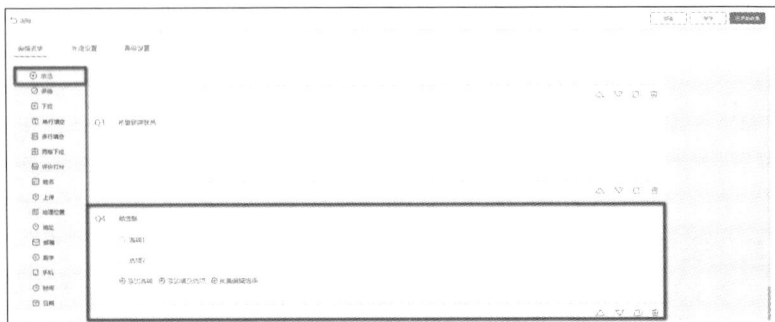

图 6-57 新增表单内容样式

第二步：编辑表单内容。单击表单开头处的文字说明，该处右上角即出现相应的编辑功能按钮——图片素材编辑按钮 ☑ 和文本素材编辑按钮 T，如图 6-58 所示。

图 6-58　编辑功能按钮

第三步：单击文本素材编辑按钮 T，在新弹出的"高级编辑"弹窗中对文本的内容、字体、字号等进行编辑，如图 6-59 所示。编辑完成后，单击弹窗右下角的"OK"按钮。

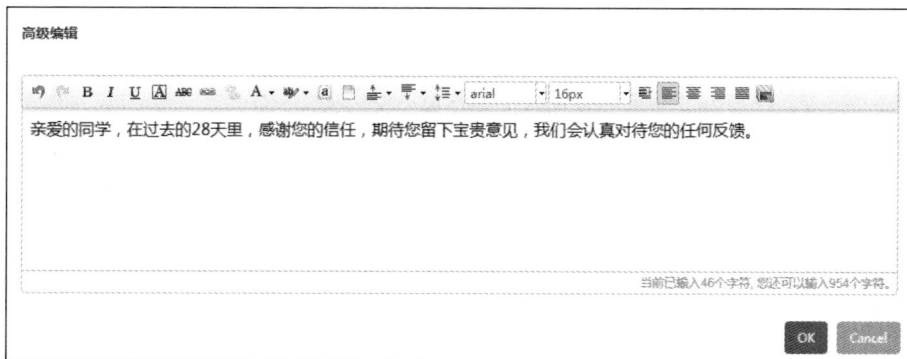

图 6-59　在"高级编辑"弹窗中对文本进行编辑

第四步：单击问卷调查模板中题目的题干内容，然后单击文本素材编辑按钮 T，对题干进行内容的修改及题目排列方式、必填与否、逻辑关系的编辑，如图 6-60 所示。

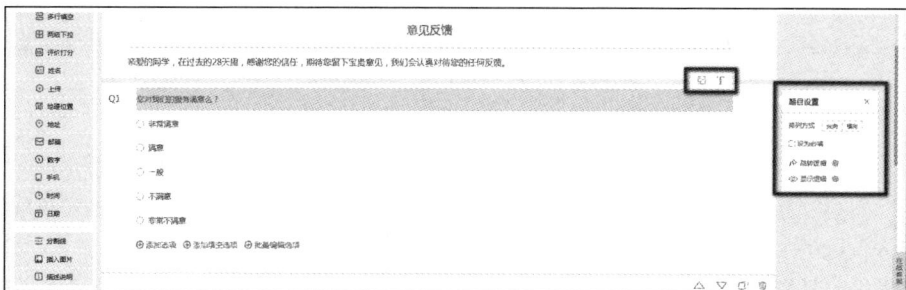

图 6-60　对题目题干的编辑

第五步：单击问卷调查模板中题目的备选项内容，对其进行编辑。单击题目备选项文本框右上角的文本素材编辑按钮 T，对题目备选项的文本素材进行编辑；单击该文本框右上角的下移按钮△，对该文本框进行上移；单击该文本框右上角的删除按钮 🗑，对该文本框进行删除，如图 6-61 所示。

图 6-61　对题目备选项的编辑

（2）外观设置

表单的美观程度直接影响着用户体验，微盟表单内置多种外观样式，新媒体运营者可以按需设置头图、背景图及按钮的颜色等，如图 6-62 所示。

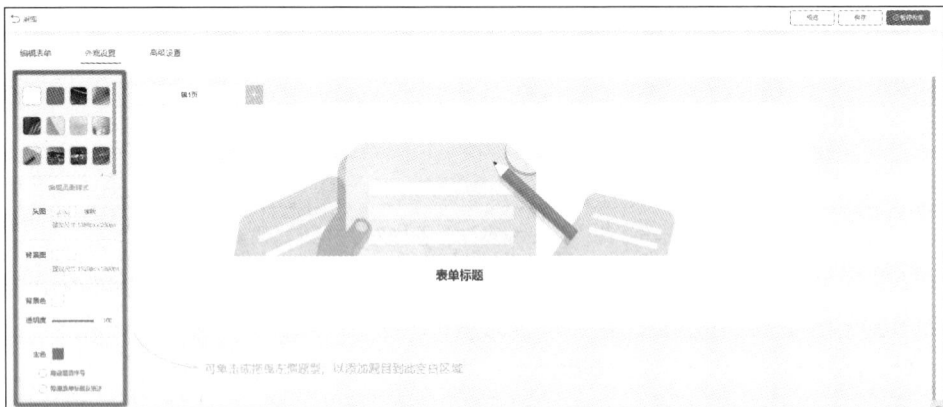

图 6-62　"外观设置"功能页面

（3）高级设置

在"高级设置"功能页面中，"线索提醒"是一大重要功能，如图 6-63 所示。

开启"线索提醒"功能后，当有用户提交表单，新媒体运营者便会收到表单所绑定微信账号的消息提醒。提醒时间和提醒频次可在微盟表单中设定。开启"线索提醒"功能后，新媒体运营者通过微信接收的消息提醒内容如图 6-64 所示。

图6-63 "高级设置"功能页面

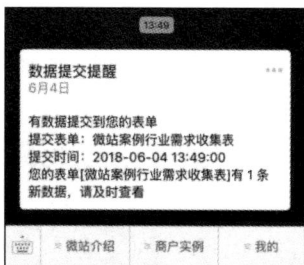

图6-64 新媒体运营者通过微信
接收的消息提醒内容

4. 完成表单创建

完成表单编辑后,单击"编辑表单"功能页面右上角的"预览"按钮,即可预览表单生成效果;确认无误后,即可单击页面右上角的"开始收集"按钮,完成表单的创建,如图6-65所示。

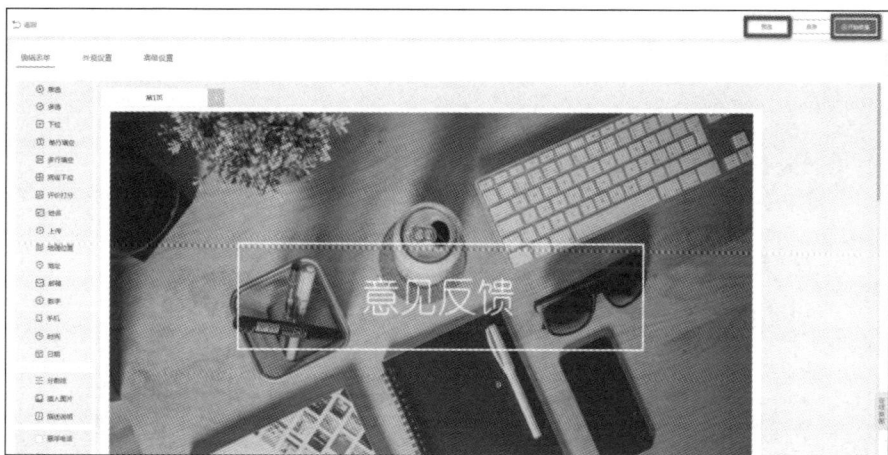

图6-65 "编辑表单"功能页面

5. 投放表单

单击"编辑表单"功能页面右上角的"开始收集"按钮后,随即跳转到"表单投放"页面,该页面内已生成表单链接、H5页面二维码等,如图6-66所示。新媒体运营者可以复制链接并将其分享至社群,也可以提取H5页面的二维码图片或直接复制链接进行表单投放。

图 6-66 "投放表单"页面

实战训练

请在微盟表单里制作表单并进行投放。

▶▶▶ 6.3.2　金数据

金数据是一款免费的表单设计和数据收集工具，可用于设计表单、制作在线调查问卷、组织聚会、询问意见、整理团队数据资料、获得产品反馈等。

1. 创建表单

第一步：通过 PC 端浏览器搜索关键词"金数据"，进入其官方网站首页，注册并登录，如图 6-67 所示。

图 6-67　金数据官方网站首页

第二步：单击首页右上角的"进入系统"选项，进入金数据的后台系统页面，单击页面中的"创建空白表单"选项，如图 6-68 所示。

第三步：进入表单场景选择页面，页面中包含"问卷调查""活动报名""投票""考试测评""预约""营销落地页""在线收款""空白表单"等场景，如图 6-69 所示。

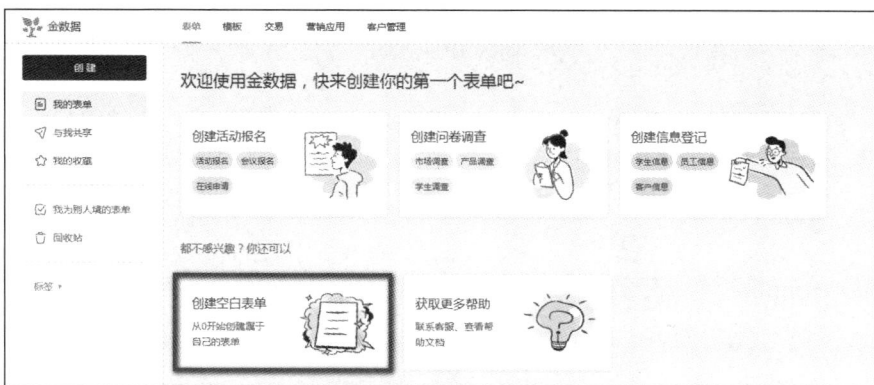

图 6-68　进入后台系统页面并单击"创建空白表单"选项

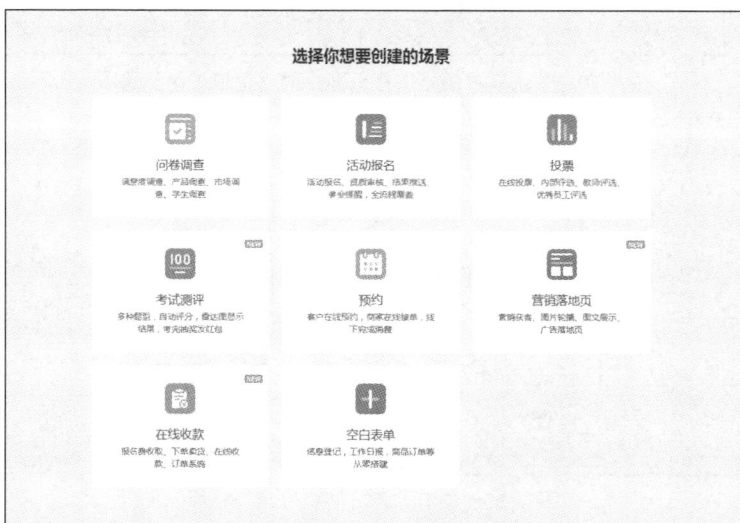

图 6-69　表单场景选择页面

2. 编辑表单

单页表单是指所有选项集中于一个页面的表单，分页式表单是指一页一题式表单。相较而言，分页式表单更为美观。此处以分页式表单为例，介绍金数据的表单编辑功能。

第一步：单击表单场景选择页面中的"空白表单"选项，如图 6-70 所示，跳转至表单类型选择页面。

第二步：单击页面上方的"分页式表单"选项，进入"分页式表单"功能页面，页面中包含多种类型的模板。此处以"人员信息登记"模板为例，单击"人员信息登记"模板，如图 6-71 所示。

第三步：进入模板确认页面，单击页面右侧的"使用此模板"选项，确认使用该模板，如图 6-72 所示。

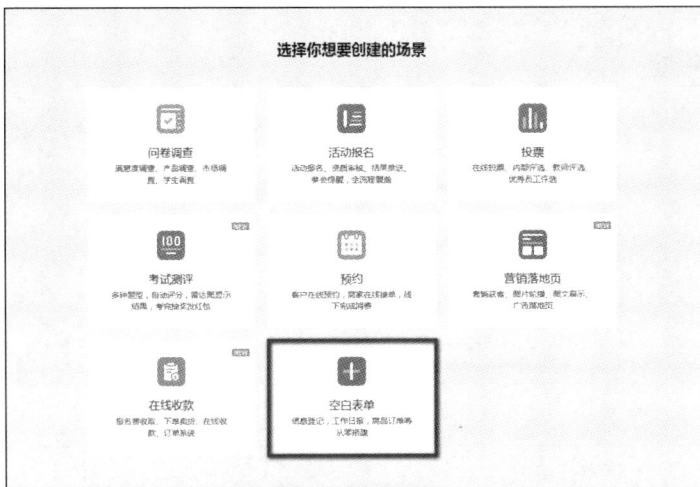

图 6-70　单击表单场景选择页面中的"空白表单"选项

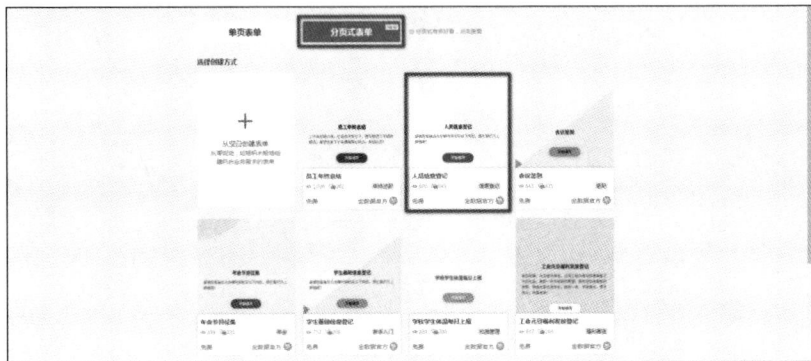

图 6-71　单击"人员信息登记"模板

图 6-72　模板确认页面

第四步：进入"人员信息登记"分页式表单的编辑页面，页面左侧显示"单页内容主题"，页面中间区域为"表单样式区"，页面右侧为"编辑功能区"，如图6-73所示。

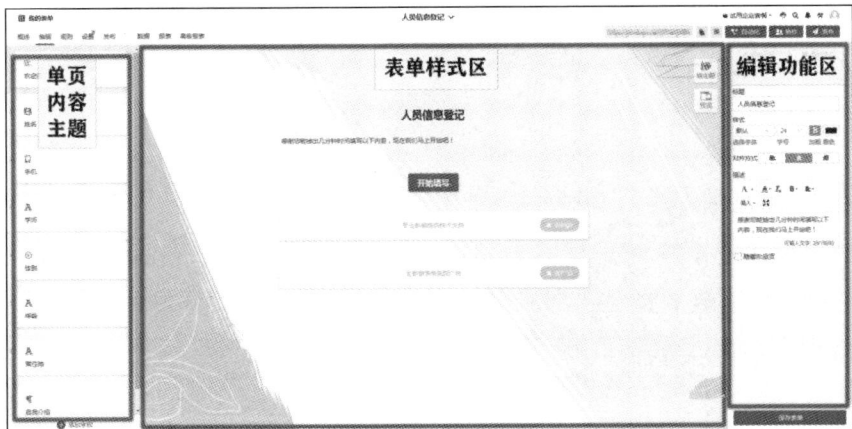

图6-73　分页式表单的编辑页面

第五步：单击表单开头处的文字说明，通过编辑页面右侧"编辑功能区"中的功能，将原有文本"感谢您能抽出几分钟时间填写以下内容，现在我们马上开始吧！"改为新文本"亲爱的同学，请填写以下内容，让我们快速认识你吧"，并对其进行加粗设置，如图6-74所示。

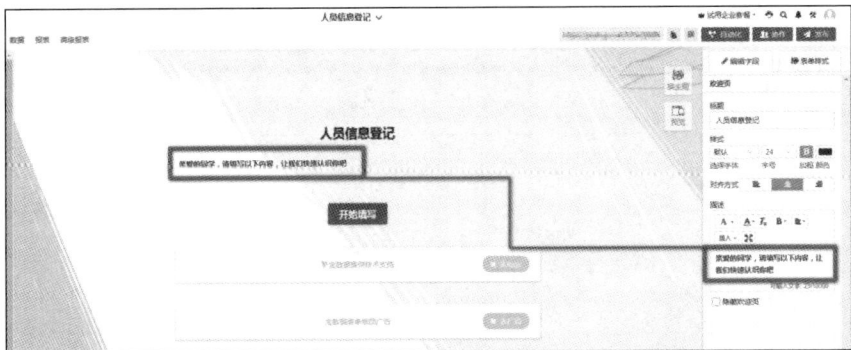

图6-74　文本编辑功能

第六步：单击编辑页面左下方的"添加字段"选项，在新弹出的"添加字段"弹窗中单击"单项选择"选项，如图6-75所示，即可在现有表单末尾新增一页未命名的"单项选择"表单页面，如图6-76所示。

第七步：在编辑页面右侧的"编辑功能区"中对"单项选择"表单页面的内容进行修改，如图6-77所示。

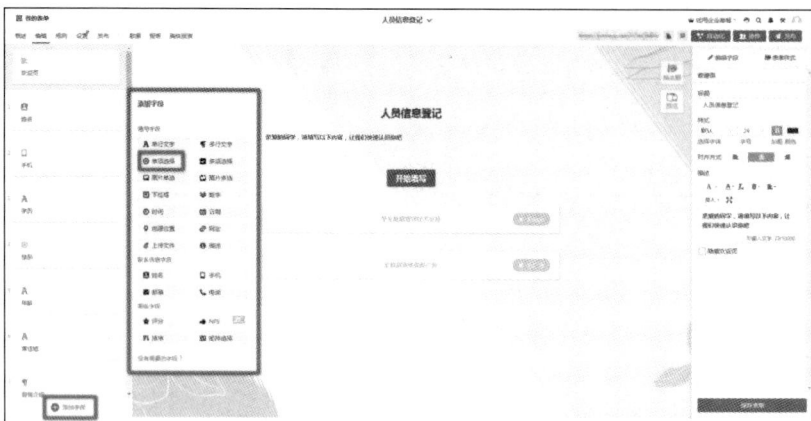

图 6-75　在"添加字段"弹窗中单击"单项选择"选项

图 6-76　未命名的"单项选择"表单页面

图 6-77　编辑"单项选择"表单页面内容

第八步：将鼠标指针放置于编辑页面左侧的"单页内容主题"中，被选中的表单分页即显示 3 个快捷功能按钮——"复制"按钮 🗐、"删除"按钮 🗑 和"添加表单"按钮 ➕，如图 6-78 所示，单击任一按钮即可完成对应操作。

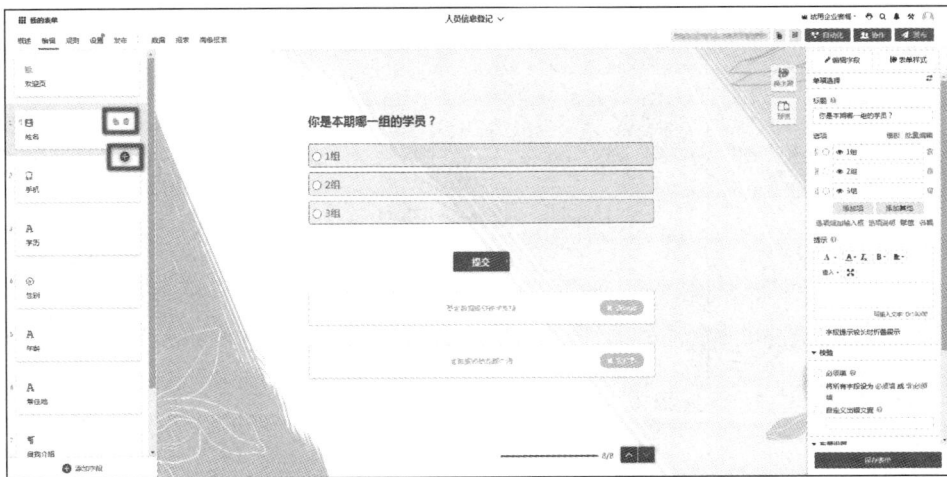

图 6-78　单页表单的快捷功能按钮 1

第九步：单击"表单样式区"下方的"表单上移"按钮 ⌃ 和"表单下移"按钮 ⌄，即可更改各页表单的先后顺序，如图 6-79 所示。

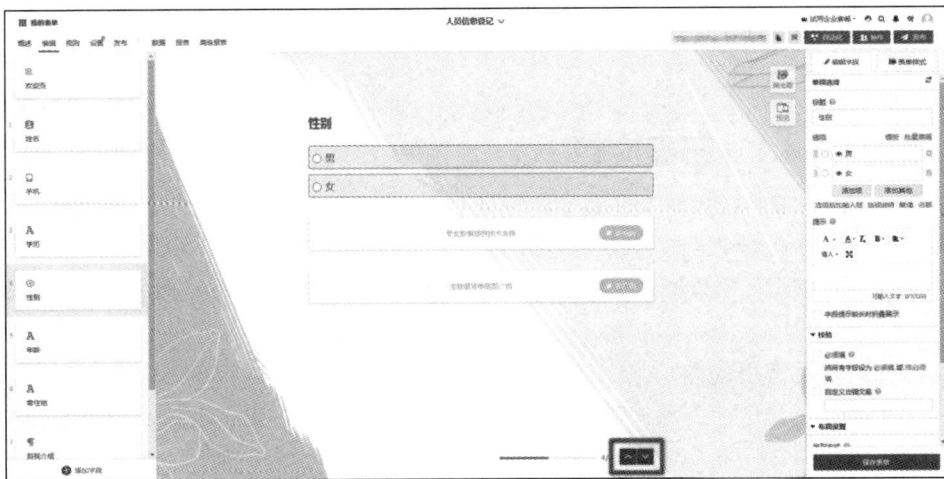

图 6-79　单页表单的快捷功能按钮 2

3. 保存和发布表单

第一步：根据上述方法编辑每一页表单的内容，完成所有表单内容的编辑后，单击编辑页面右下角的"保存表单"选项，对表单进行保存。

第二步：单击编辑页面右上角的"发布"选项，在新弹出的"发布表单"弹窗中对表单的发布对象（任何人或指定客户群组）与方式（链接、小程序、微信或海报表单）进行设置，并在不同平台和渠道进行发布，如图 6-80 所示。

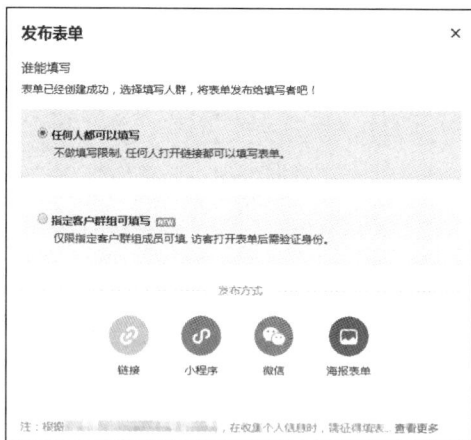

图 6-80 "发布表单"弹窗

6.4 在线协作工具

在线协作工具是帮助新媒体运营者即时保存、分享信息，与其他用户高效协同办公的工具。熟练运用在线协作工具，可以大幅提升新媒体运营者的工作效率。本节以石墨文档和腾讯文档为例，介绍在线协作工具的使用方法。

6.4.1 石墨文档

石墨文档是一款方便、简洁的中文在线文档编辑、多人协作工具，也是目前较为火热的一款在线协作工具。新媒体运营者可以在 PC 端打开石墨文档客户端和网页，也可以通过移动端打开石墨文档 App。此处以石墨文档的 PC 网页端个人版为例，介绍其常用功能及操作步骤。

1. 首页常用功能

通过 PC 端浏览器搜索关键词"石墨文档"，进入其官方网站，按提示完成注册后登录。登录成功后即可进入石墨文档的操作页面，如图 6-81 所示。

页面左侧菜单栏中包含"最近文件""共享给我""我的收藏""我的桌面""团队空间""快速访问"等功能选项，较为常用的功能为"最近文件"和"我的桌面"。"最近文件"功能可以按时间顺序将新媒体运营者最近打开和编辑过的文档逐一列出。"我的桌面"功能则包含新媒体运营者创建和编辑过的所有文件及文件夹。登录后的默认页面为"最近文件"功能页面。

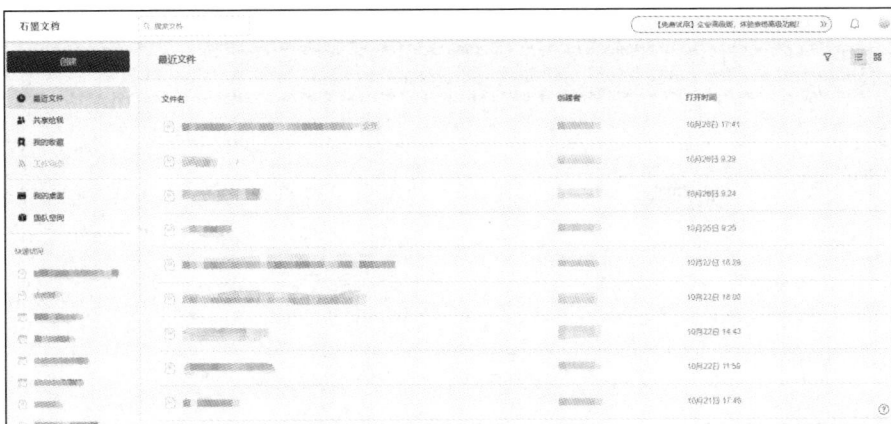

图 6-81　石墨文档的操作页面

"最近文件"功能页面左侧功能栏上方设有"创建"选项，如图 6-82 所示。

单击"创建"选项，即弹出新的下拉弹窗，其中包含"文档""表格""幻灯片""表单""白板""思维导图""文件夹"等选项，如图 6-83 所示。

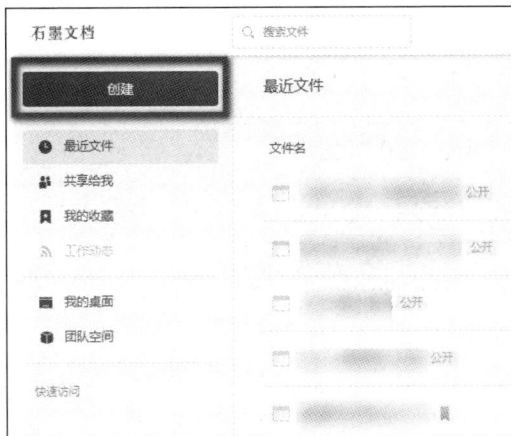

图 6-82　"创建"选项

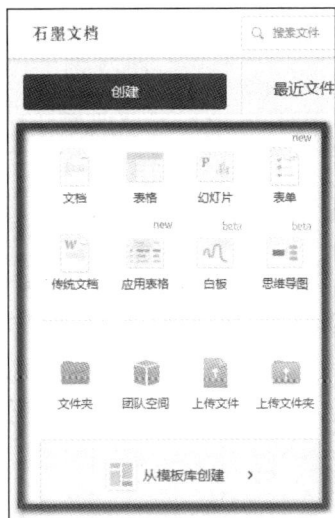

图 6-83　"创建"选项下拉弹窗

2. 新建文档

以新建文档为例，依次单击石墨文档操作页面中的"创建"—"文档"选项，即可进入文档编辑页面。文档编辑页面中显示的菜单栏与 Office 和 WPS 中的 Word 文档菜单栏的功能和布局类似，有标题、字体、加粗、斜体、颜色、列表、对齐、表格、插图等功能选项，如图 6-84 所示。新媒体运营者可以在此页面自行调节字体的颜色、大小，插入图片、表格和超链接等。

图 6-84　文档编辑页面菜单栏功能选项

3. 添加协作者

文档创建后，新媒体运营者可以添加其他协作者编辑此文档。

第一步：单击文档编辑页面右上方的"协作"选项，如图 6-85 所示。

图 6-85　单击"协作"选项

第二步：在新弹出的"协作"弹窗中，单击"添加协作者"选项，如图 6-86 所示。

图 6-86　单击"添加协作者"选项

第三步：进入"添加协作者"弹窗，在弹窗上方的搜索框内输入想要添加为协作者的姓名、邮箱或手机号，或直接从协作者列表中选定协作者，单击该协作者信息右侧的"添加权限"选项，如图 6-87 所示。

第四步：单击"添加权限"选项下拉弹窗中的"可以编辑"选项，如图 6-88 所示。

图 6-87 "添加协作者"弹窗

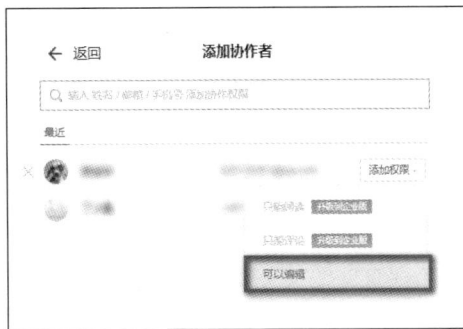

图 6-88 单击"可以编辑"选项

第五步：返回"添加协作者"弹窗，则已添加编辑权限的协作者信息右侧的"添加权限"选项变为"可以编辑"选项，如图 6-89 所示。

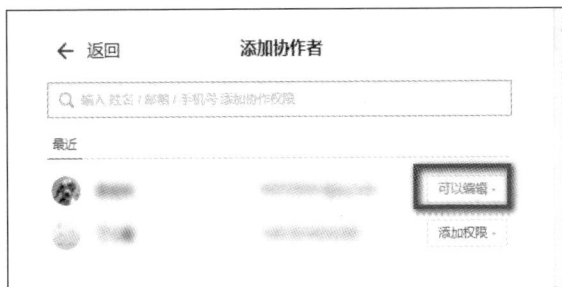

图 6-89 成功添加编辑权限

被邀请的协作者收到邀请链接并同意后，即可参与文档的编辑。

4. 分享

新媒体运营者可以使用石墨文档的"分享"功能，将所编辑的文档分享给其他用户。

第一步：单击文档编辑页面右上方的"分享"选项，如图 6-90 所示。

第二步：在新弹出的"分享"弹窗中，打开"公开分享"按钮，新媒体运营者可根据需要，单击链接下方的"可以编辑""只能评论""只能阅读"等链接权限选项，如图 6-91 所示。

图 6-90 "分享"选项

图 6-91 "分享"弹窗中的链接权限选项

第三步：选定链接的权限后，单击链接右侧的"复制链接"选项，即可将文档的分享链接复制并发送给其他用户，其他用户单击链接后即可打开该文档。

实战训练

请尝试在石墨文档的 PC 客户端中新建文档并向其他同学分享文档链接。

▶▶▶ 6.4.2 腾讯文档

腾讯文档是一款可供多人同时编辑的在线协作工具，支持 Word/Excel/PPT/PDF/收集表等多种类型文件的在线编辑。腾讯文档拥有 PC 客户端、PC 网页端和移动端 App 等端口，新媒体运营者可以通过不同端口实时查看、修改、保存和分享文件。

此处以腾讯文档的 PC 客户端为例，介绍其常用功能及操作步骤。

1. 首页常用功能

从 PC 客户端打开腾讯文档，注册账号并登录，进入腾讯文档首页。首页左侧包含"首页""我的文档""回收站"等功能选项，首页上方包含"新建""导入""模板库"等功能选项，首页中间区域显示的内容为新媒体运营者"最近查看"和"收藏"的文件信息，如图 6-92 所示。

2. 新建表格

第一步：单击腾讯文档首页上方的"新建"选项，即弹出新的下拉弹窗，其中包含"在线文档""在线表格""在线幻灯片"等选项，如图 6-93 所示。

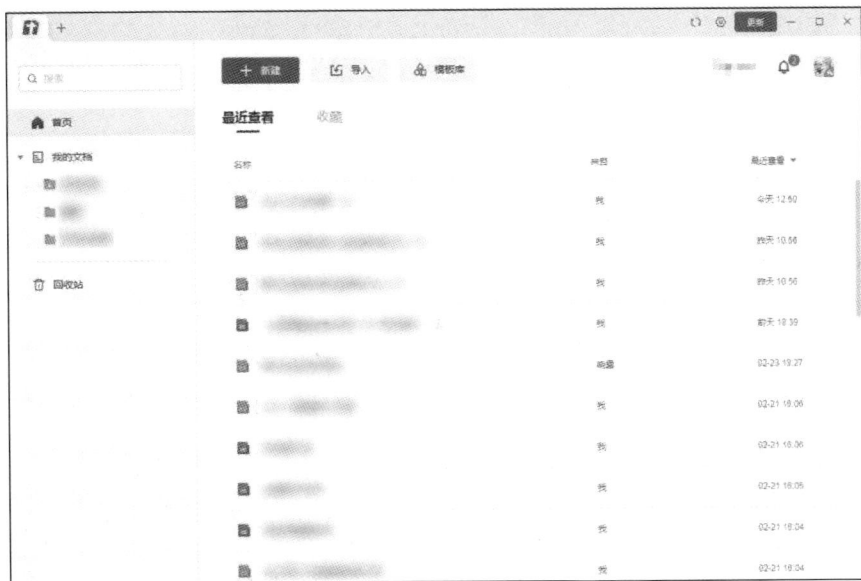

图 6-92　PC 客户端腾讯文档首页

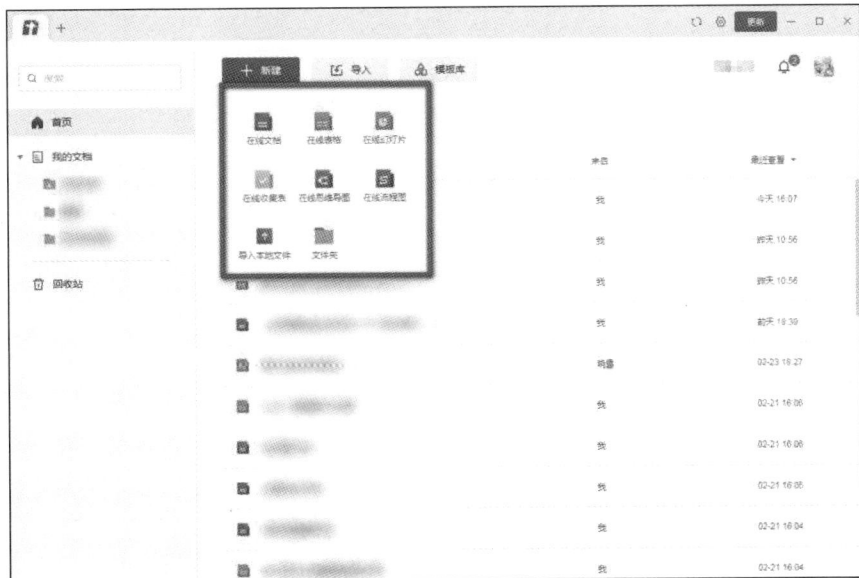

图 6-93　"新建"选项下拉弹窗

第二步：此处单击"新建"选项下拉弹窗中的"在线表格"选项，如图 6-94 所示。

第三步：进入"在线表格"编辑页面，页面上方包含"格式刷""插入""默认字体""加粗"等功能选项，如图 6-95 所示。

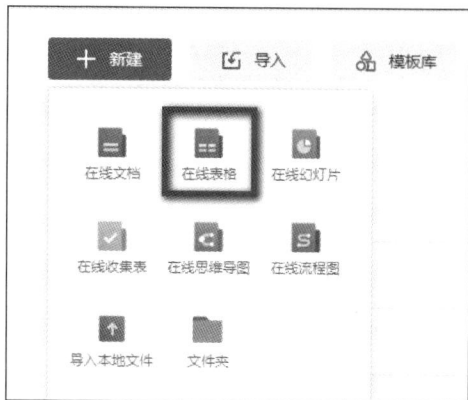

图 6-94 "在线表格"选项

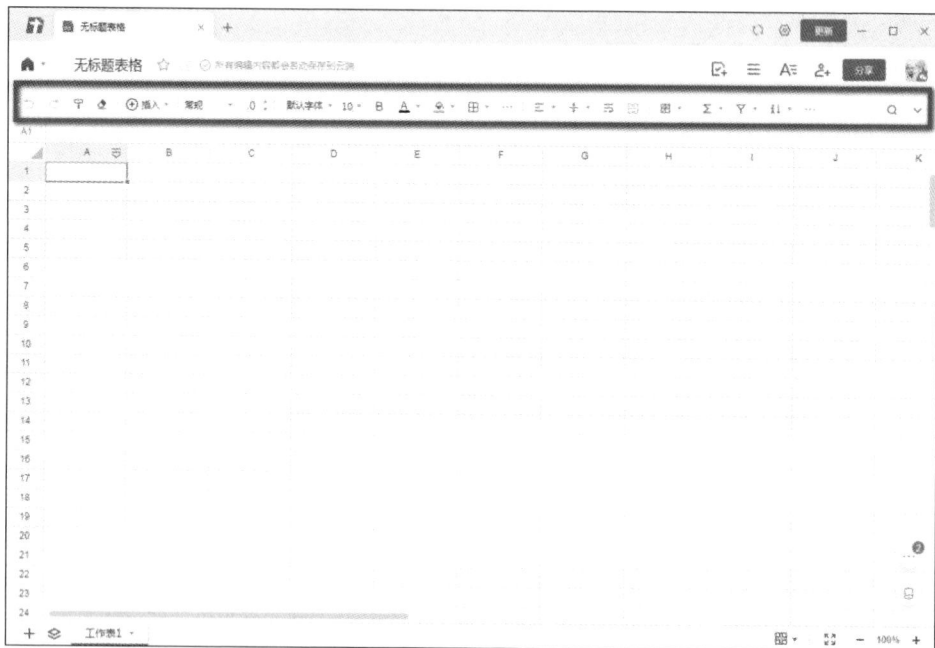

图 6-95 "在线表格"编辑页面

3. 重命名表格

新建的表格文件默认标题为"无标题表格"。为了使表格主题更明显，便于区分和记忆，重命名表格也成为表格编辑过程中的必要操作。

第一步：单击"在线表格"编辑页面左上方的"无标题表格"字样，进入文字可编辑状态，如图 6-96 所示。

第二步：将"无标题表格"字样改为"参会人员名单"字样，为当前表格进行重命名，如图 6-97 所示。

图 6-96　可编辑状态下的表格标题

图 6-97　重命名后的表格标题

4. 导入本地文件

新媒体运营者经常使用金山 WPS 或微软 Office 软件制作文档、表格、幻灯片等，并保存在 PC 端设备的本地文件夹中。为了便于对文件进行云存储和协同编辑，新媒体运营者可以使用腾讯文档的"导入"功能，将 PC 端设备本地文件夹中的文档、表格、幻灯片等文件导入腾讯文档中。

第一步：单击腾讯文档首页上方的"导入"选项，如图 6-98 所示。

图 6-98　单击"导入"选项

第二步：在新弹出的"打开"弹窗中，单击并选中需要导入腾讯文档的本地文件，单击弹窗右下角的"打开"按钮，如图 6-99 所示。

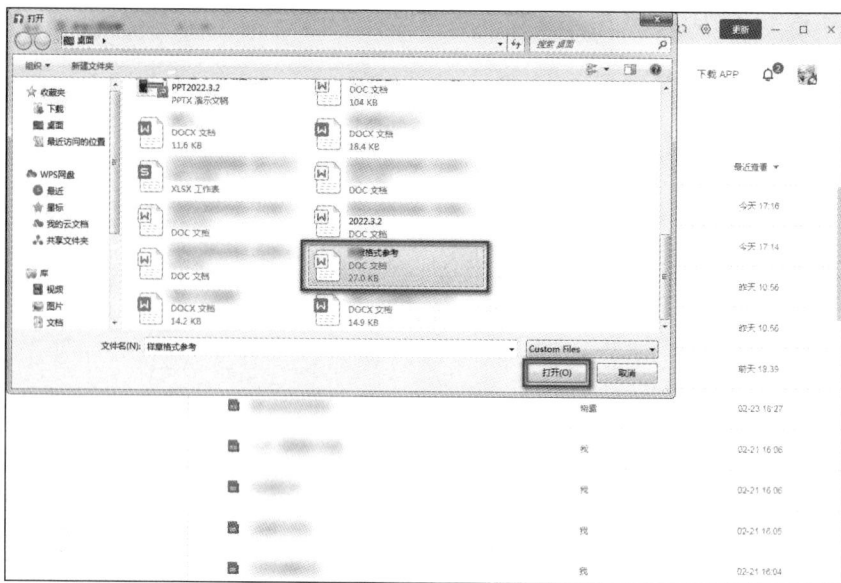

图6-99 单击并选中本地文件后单击"打开"按钮

第三步：在新弹出的"导入本地文件"弹窗中，单击弹窗右下角的"导入"按钮，如图6-100所示。

图6-100 在"导入本地文件"弹窗中单击"导入"按钮

第四步：导入完成后，被导入的本地文件即可出现在PC客户端腾讯文档首页的"最近查看"文件列表中，如图6-101所示。

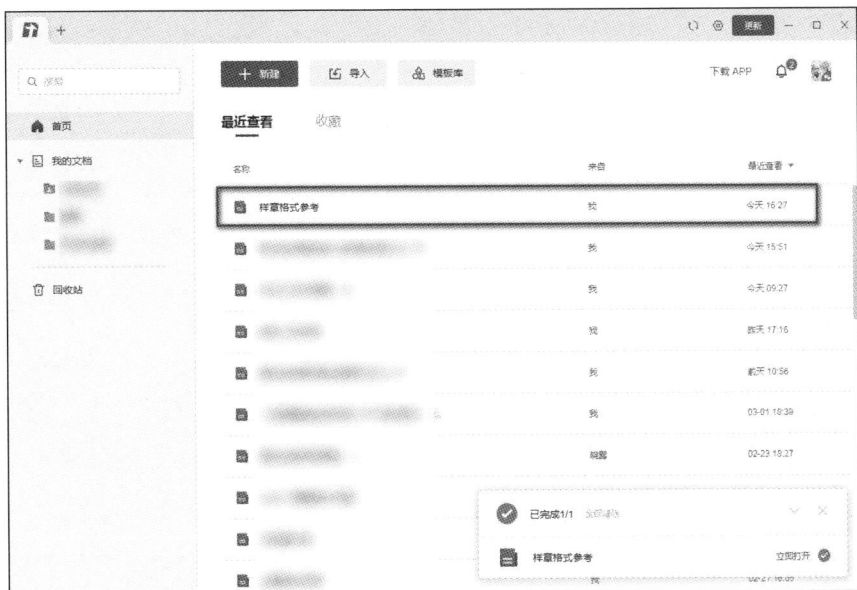

图 6-101　已导入的本地文件

6.5　私域流量运营工具

随着新用户的获取成本不断攀升，品牌和企业越来越关注私域流量的运营。私域流量有以下几个优点：便于管理、性价比高、可直接触达。品牌和企业将用户流量引至自己的私域流量池后，还需要善用各类优质的私域流量运营工具，通过有规划的运营和用心的服务为用户提供良好体验，使用户愿意留在私域流量池内。

▶▶▶ 6.5.1　企业微信

微信的社群体量居我国各社交平台之首，它也是各品牌和企业较常使用的私域流量运营平台。企业微信是微信团队打造的企业办公工具，具有丰富的办公自动化（Office Automation，OA）应用及强大的连接微信生态的能力，可以帮助企业连接内部、生态伙伴和用户。目前，企业微信已覆盖零售、教育、金融、制造、互联网、医疗等 50 多个行业。

此处以企业微信的 PC 客户端为例，介绍企业微信支持用户运营工作的常用功能。

1. 发起线上会议

很多企业除了全职员工外，还有兼职员工，抑或是除了本地员工外，还有异地员工。有兼职员工或异地员工的企业及相关团队，往往会选择通过线上会议的方式部署工作、沟通进度。利用企业微信的相关功能，企业及相关团队可便捷地召开线上会议。

新媒体运营者可以通过企业微信的"会议"功能快速发起线上会议。

第一步：登录企业微信 PC 客户端，进入其首页（首页默认为聊天功能页面），打开想要发起线上会议的企业微信群的聊天页面，单击该聊天页面中的"会议"按钮 ⊞ 右侧的倒三角形小图标，如图 6-102 所示。

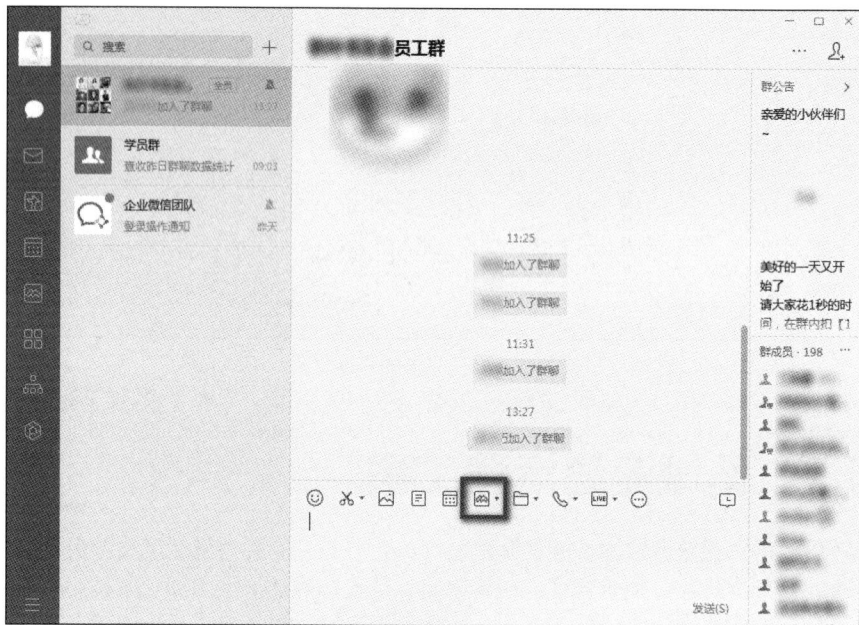

图 6-102　企业微信群的聊天页面

第二步：单击上述倒三角形小图标后，即弹出两个二级功能选项"快速会议"和"预定会议"，此处单击"快速会议"选项，如图 6-103 所示。

图 6-103　单击"快速会议"选项

第三步：进入新弹出的"通讯录"弹窗，在弹窗左侧"群聊成员"列表中搜索并选中需要参加线上会议的群聊成员，被选中的群聊成员即出现在弹窗右侧的"已选择"列表中，如图 6-104 所示。

图6-104 "通讯录"弹窗

第四步：完成参加线上会议的群聊成员选择后，单击弹窗右下角的"确定"选项，即可发起企业微信群的线上会议。

2. 使用群发助手

很多企业的客户/学员人数众多，企业需要创建多个企业微信群，用以连接所有的客户/学员。当企业需要发起大型活动或发布重要通知时，新媒体运营者可以借助企业微信的"群发助手"功能，一次性向多个企业微信群发送消息。

第一步：登录PC客户端企业微信，进入其首页，单击页面左侧导航栏中的"工作台"按钮，如图6-105所示。

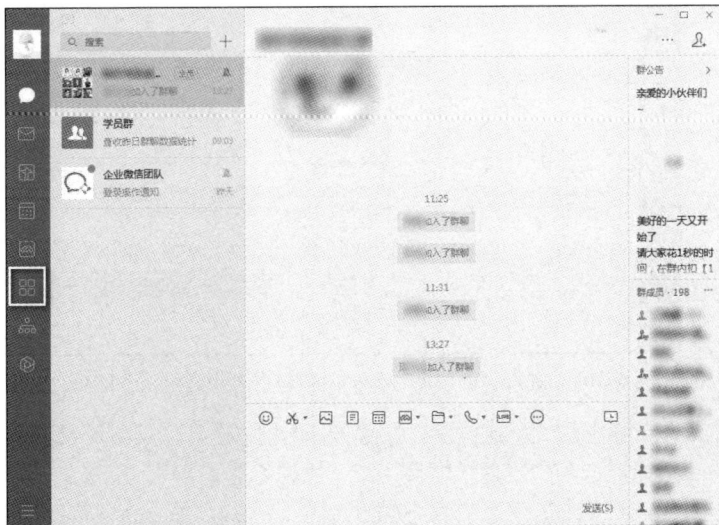

图6-105 在PC客户端企业微信首页单击"工作台"按钮

第二步：进入"工作台"页面，单击页面中的"群发助手"选项，如图 6-106 所示。

图 6-106　进入"工作台"页面并单击"群发助手"选项

第三步：进入"群发助手"页面，单击页面中的"新建群发"选项，如图 6-107 所示。

图 6-107　进入"群发助手"页面并单击"新建群发"选项

第四步：在新弹出的"新建群发"弹窗中，单击"选择学员或学员群发送"选项，单击弹出的二级功能选项"发送给学员"或"发送给学员群"，如图 6-108 所示。

第五步：选定需要发送消息的客户/学员或企业微信群后，在"新建群发"弹窗的文本框中输入需要发送的内容，如图 6-109 所示。

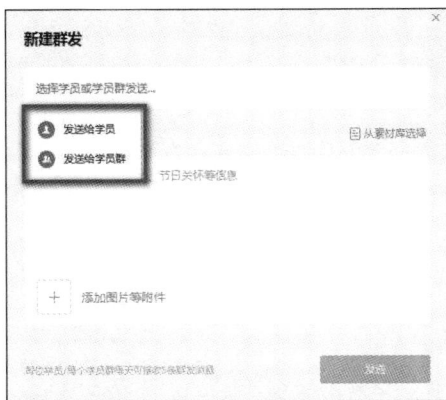

图 6-108 "新建群发"弹窗 　　图 6-109 "新建群发"弹窗中的文本框内容

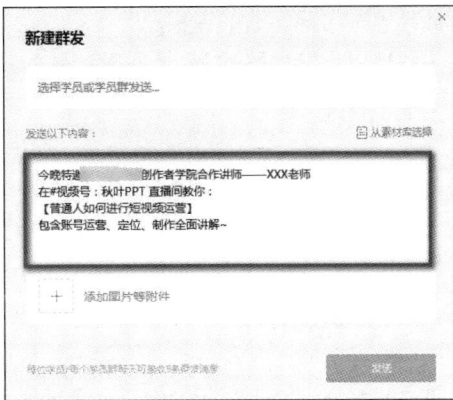

第六步：单击"新建群发"弹窗中的"添加图片等附件"选项，添加相应文件，如图 6-110 所示。

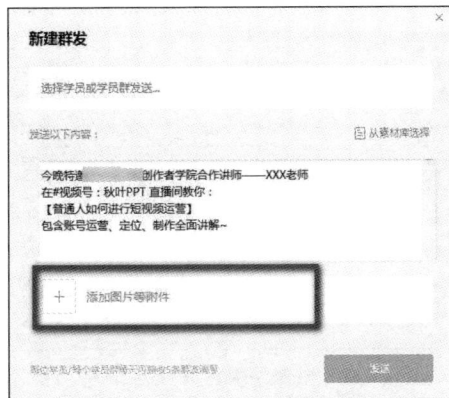

图 6-110　单击"添加图片等附件"选项并添加相应文件

第七步：完成内容编辑后，单击"新建群发"弹窗右下角的"发送"选项，即可将编辑好的内容发送给指定的客户/学员或企业微信群。

实战训练

请注册一个企业微信账号，尝试使用企业微信的更多功能。

▶▶▶ 6.5.2　微伴助手

微伴助手是一款企业微信的社会化客户关系管理（Social Customer Relationship Management，SCRM）系统，它基于企业微信开放的接口开发相应功能，帮助企业连接用户并构建私域流量池。新媒体运营者在成为微伴助手账号的管理员后，即可通过微伴助手进行多种功能的设置。

此处以微伴助手的 PC 网页端为例。

1. 登录

第一步：通过 PC 端浏览器搜索关键词"微伴助手"并进入其官方网站，单击网站首页右上角的"登录"选项。

第二步：在新弹出的登录页面中使用企业微信 App 的"扫一扫"功能，扫描页面中的二维码，即可进入微伴助手首页，如图 6-111 所示。

2. 批量加好友

企业经常举办各种活动，需要一次性收集几十名甚至几百名用户的信息。新媒体运营者如果逐一添加用户为好友，往往需要耗费大量的时间。微伴助手中的"批量加好友"功能，可以有效解决新媒体运营者需要快速添加大量好友的难题。

第一步：进入 PC 网页端微伴助手首页，单击首页左侧导航栏中的"批量加好友"选项，如图 6-112 所示。

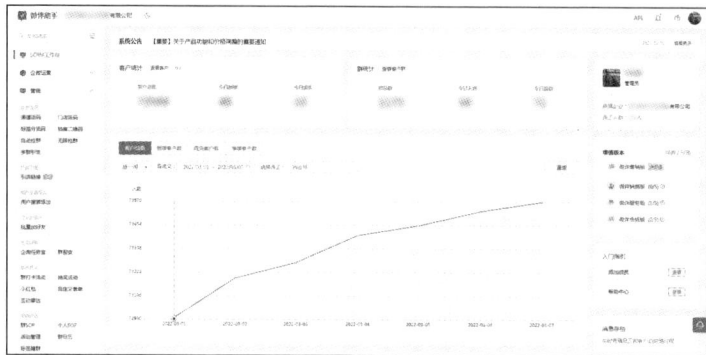

图 6-111　微伴助手首页

图 6-112　单击"批量加好友"选项

第二步：进入"潜在客户"页面，单击页面中的"导入客户"选项，如图 6-113 所示。

图 6-113　进入"潜在客户"页面并单击"导入客户"选项

第三步：在新弹出的"上传表格"弹窗中单击"上传表格"选项，如图 6-114 所示，将按照规定格式填写的模板表格上传至平台。

第四步：完成表格上传后，单击"上传表格"弹窗中的"选择员工"选项，在新弹出的下拉弹窗中选择需要分配用户的员工，如图6-115所示。选定多名员工后，即可将批量导入的用户信息平均分配给选定的员工。

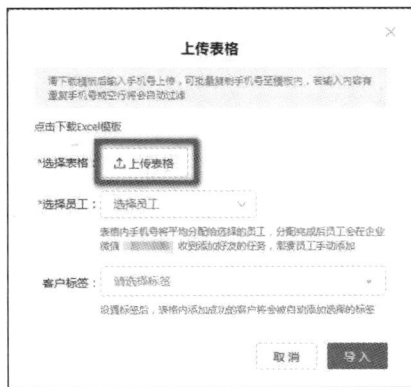

图6-114　在"上传表格"弹窗中单击
"上传表格"选项

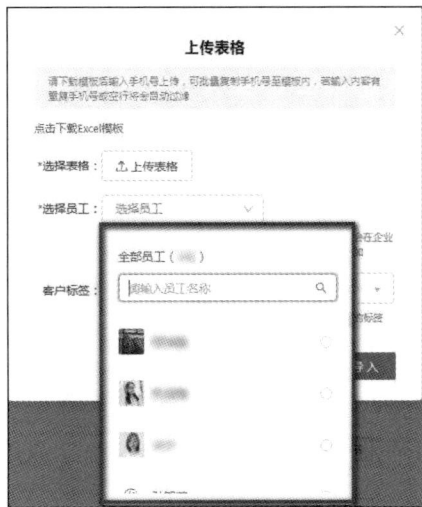

图6-115　"选择员工"选项下拉弹窗

第五步：完成员工选择后，单击"上传表格"弹窗中的"客户标签"选项，在新弹出的"选择标签"弹窗中选定需要的标签，单击弹窗右下角的"保存"选项，如图6-116所示。

图6-116　"选择标签"弹窗中选定需要的标签并单击"保存"选项

第六步：返回"上传表格"弹窗，单击弹窗右下角的"导入"选项，即可将表格中的用户信息批量导入账号的客户列表中。

3. 渠道活码

　　企业要想做好私域流量运营，就需要为私域用户提供优质的服务，在用户有需要时及时地回应用户。因为用户众多，咨询的时间也不尽相同，所以企业需要灵活安排新媒体运营者连接和响应用户，以达到良好的运营效果。

　　基于此，越来越多的企业开始使用"活码"，"活码"是与"静态码"相对的动态且内容可改变的二维码。例如，"活码"可以实现"一码对应多账号"，用户扫描"活码"后，平台可以从多名指定新媒体运营者中随机调取一名来响应用户，这在减轻新媒体运营者工作压力的同时，提升了其响应用户的速度。

　　第一步：从 PC 网页端登录微伴助手，进入微伴助手首页，单击首页左侧导航栏中的"渠道活码"选项，如图 6-117 所示。

　　第二步：进入"渠道列表"页面，单击页面上方的"新建活码"选项，如图 6-118 所示。

图 6-117　单击"渠道活码"选项

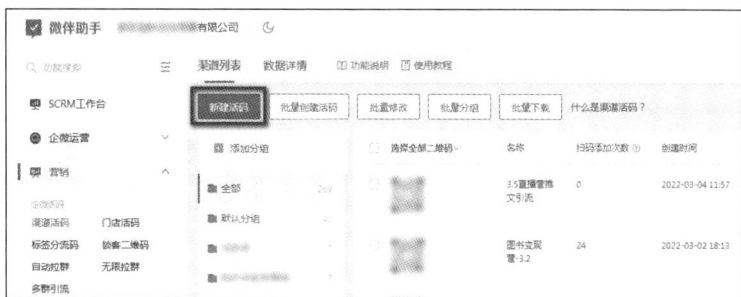

图 6-118　进入"渠道列表"页面并单击"新建活码"选项

　　第三步：进入"新建活码"页面，对"二维码名称""选择分组"等进行设置，如图 6-119 所示。

图 6-119　"新建活码"页面

第四步：单击"新建活码"页面中的"添加成员"选项，如图 6-120 所示。

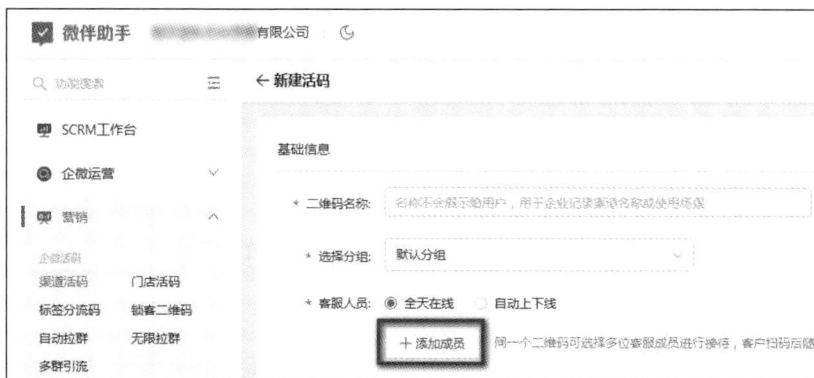

图 6-120　单击"添加成员"选项

第五步：在新弹出的"选择成员"弹窗中选择成员，选择完毕后，单击弹窗右下角的"确定"选项，如图 6-121 所示。

第六步：在"新建活码"页面完成所有设置后，单击页面底部的"新建活码"选项，如图 6-122 所示，即可新建一个企业微信的渠道活码。

图 6-121　在"选择成员"弹窗选择成员
　　　　　并单击"确定"选项

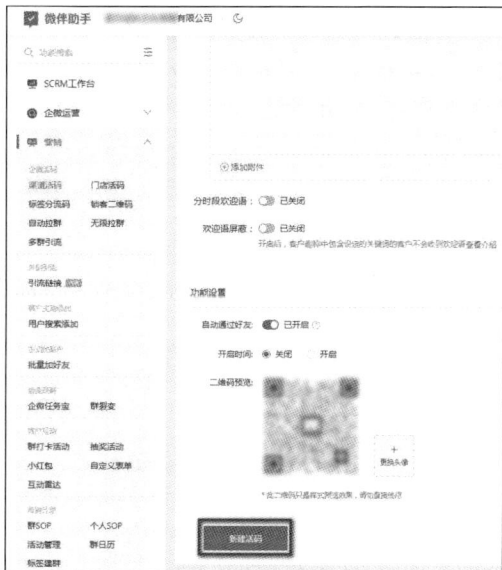

图 6-122　单击"新建活码"选项

当用户扫描该渠道活码后，系统即可随机分配一名此前选定的新媒体运营者进行用户连接与服务。

6.6 AI 写作与设计工具

新媒体运营的核心工作之一是内容运营，撰写广告文案、设计宣传图片是新媒体运营者常见的工作内容。随着人工智能（Artificial Intelligence，AI）的发展，文字写作与图片设计也逐渐变得智能化。

6.6.1 AI 写作工具

不少提供文字服务的平台（如搜狗输入法、WPS、百度等）均开发了 AI 写作功能，希望帮助新媒体运营者提升写作速度和质量。

1. 搜狗输入法的"AI 帮写"

搜狗输入法是一款用户基数较大的输入法工具，它运用搜索引擎技术，汇聚了来自互联网的巨量词库与素材库。为了使用户拥有更好的使用体验，搜狗输入法开发了"智能助手"功能，以帮助用户创作更多的趣味内容。

此处以移动端的搜狗输入法在微信 App 中的应用为例。

第一步：从移动端打开微信 App，进入微信好友聊天界面，在文本框中输入相应文字。此处输入的文字为"新年好"，点击搜狗输入法应用界面右上角的"智能助手"按钮，如图 6-123 所示。

第二步：进入 AI 服务界面，该界面下设"AI 帮写""AI 配图""趣聊"等板块。图 6-124 所示为"AI 帮写"板块中围绕"新年好"输出的 AI 文本素材，新媒体运营者可根据需要选用合适的素材。

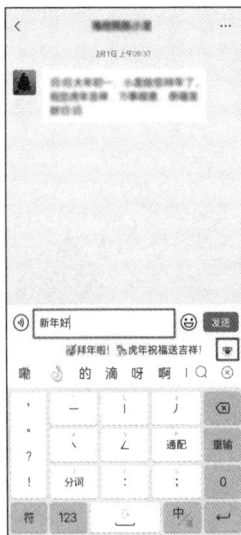

图 6-123　微信好友聊天界面

图 6-124　"AI 帮写"板块中围绕"新年好"输出的 AI 文本素材

2．WPS Word 的"素材库"

WPS 作为时下热门的办公软件，其各项功能也渐趋完备。其中，WPS Word 文档为新媒体运营者提供了写作的"素材库"，便于新媒体运营者随时查找素材，提升写作效率。

第一步：从 PC 客户端打开 WPS，新建空白 Word 文档。

第二步：在 Word 文档中输入任意一句话，如"遥远的地方"，单击 Word 文档下方的"写作模式"按钮🖊，如图 6-125 所示。

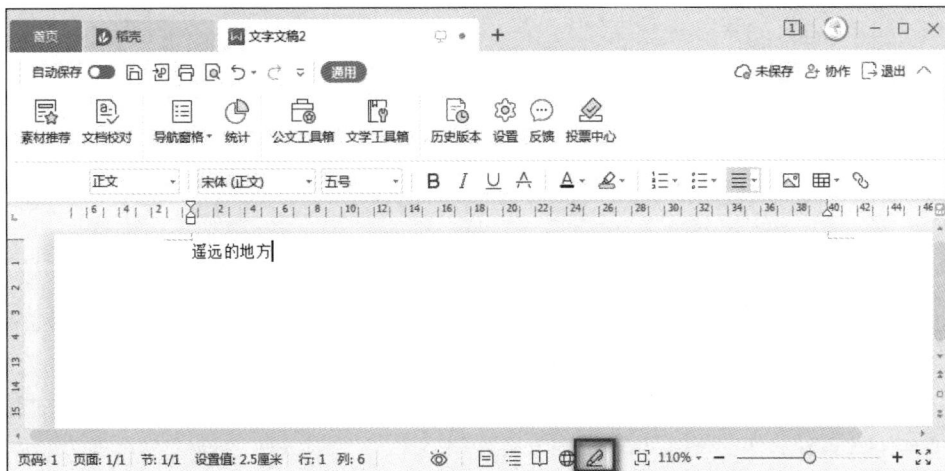

图 6-125　单击"写作模式"按钮

第三步：进入写作模式，选中文档中输入的文字"遥远的地方"，该段文字上方即出现快捷功能弹窗，单击弹窗中的"找素材"选项，如图 6-126 所示，Word 文档右侧即出现与"遥远的地方"相关的金句、书摘、成语、诗词等写作素材，如图 6-127 所示。

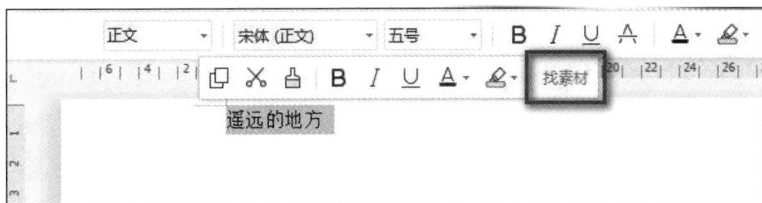

图 6-126　单击"找素材"选项

3．百度智能创作平台

百度 AI 开放平台是百度开发的人工智能服务平台，百度智能创作平台是百度 AI 开放平台的一个子板块。百度智能创作平台集合了自然语言处理和知识图谱技术，为新媒体运营者提供了丰富的自动创作和辅助创作服务。

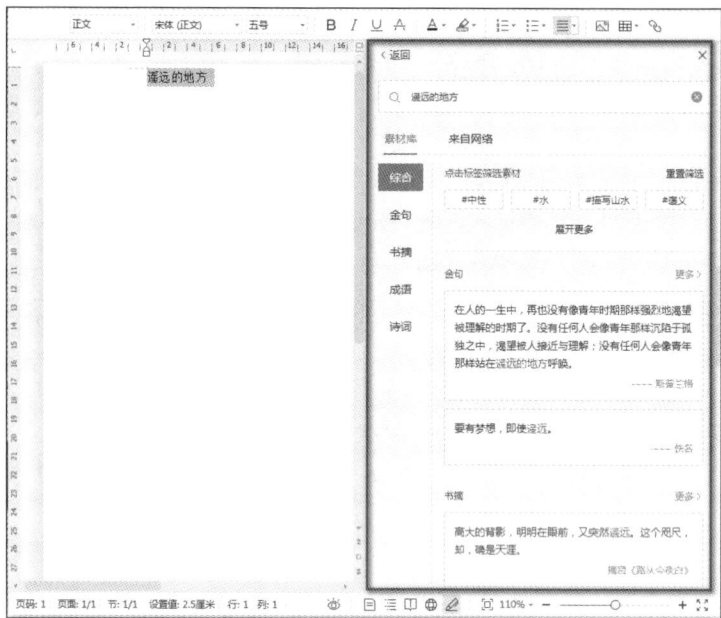

图6-127 "素材库"页面

通过 PC 端浏览器搜索关键词"百度智能创作平台"，进入其官方网站首页，该首页上方包含"创作中心""创新实验室""技术文档"3 个选项，如图 6-128 所示。

图6-128 百度智能创作平台首页

（1）热点写作

第一步：进入百度智能创作平台首页，单击页面上方的"创作中心"选项，在下拉弹窗中单击"工具箱"—"热点写作"选项，如图 6-129 所示。

第二步：进入"智能写作"的"热点"页面，页面左侧为"全网""国内""国际""财经"等多个板块的"热点信息列表"，页面中间区域为"文本编辑区域"，如图 6-130所示。

图 6-129　单击"热点写作"选项

图 6-130　"智能写作"的"热点"页面

第三步：在"热点"页面左上方的搜索框中输入关键词"文化"，单击"搜索"按钮，即可查看与"文化"相关的热点信息，如图 6-131 所示。

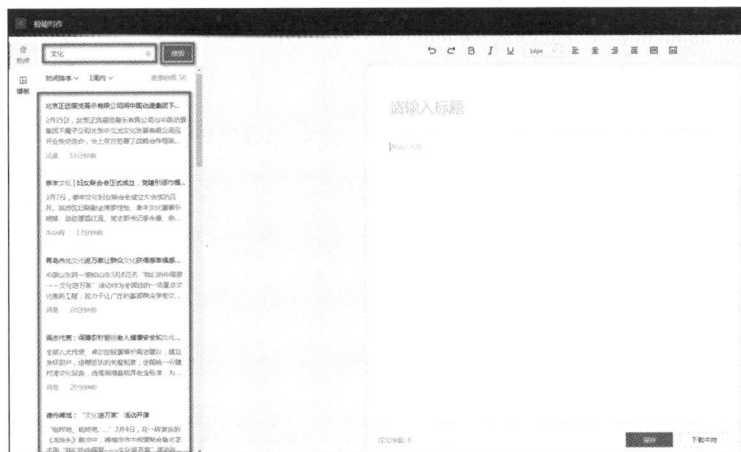

图 6-131　与"文化"相关的热点信息

据此，新媒体运营者可以方便快捷地搜索和整理热点信息，寻找合适的写作素材。

（2）自动写作

百度智能创作平台已开发"自动写作"功能。目前，该平台"自动写作"功能的使用范围仅限几个领域，如财经资讯、天气预报、篮球赛事报道等。而自动写作作为AI技术在写作领域的重要开拓方向，仍在不断发展。

第一步：进入百度智能创作平台首页，单击页面上方的"创作中心"选项，在下拉弹窗中单击"工具箱"—"模板写作"选项，如图6-132所示。

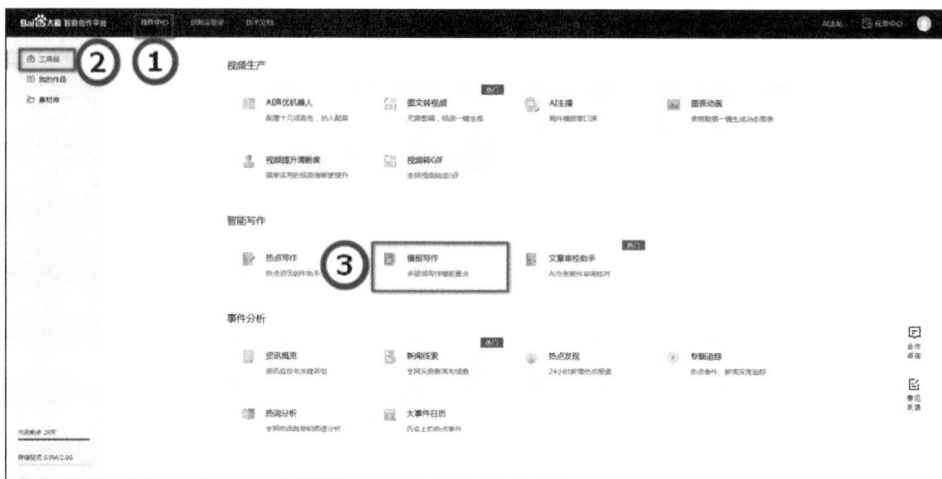

图6-132 单击"模板写作"选项

第二步：进入"智能写作"的"模板"页面，"模板"页面与前文所述的"热点"页面布局相同，页面左侧为"模板样式"，页面中间区域为"文本编辑区域"，如图6-133所示。

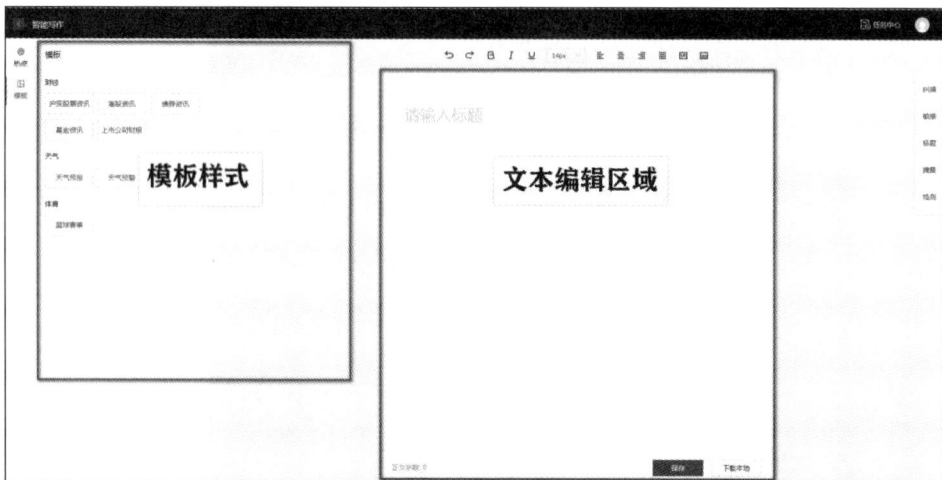

图6-133 "智能写作"的"模板"页面

第三步：此处以"天气预报"为例，单击页面左侧的"天气预报"模板，如图6-134所示。

第四步：在"模板"页面左侧新出现的"选择文章数据"功能区域中选定"文章模板"和"城市数据"，单击"模板"页面左下方的"生成文章"选项，如图6-135所示。

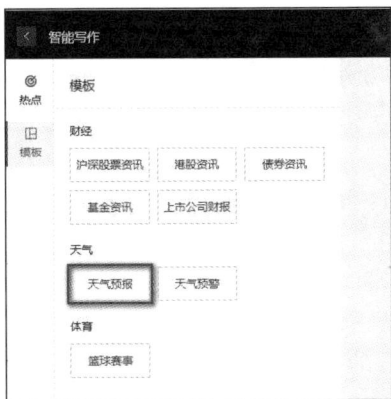

图6-134　单击"天气预报"模板

图6-135　"选择文章数据"功能区域

第五步："模板"页面中间的"文本编辑区域"随即自动生成一篇指定城市指定日期的天气预报文案，如图6-136所示。单击"文本编辑区域"下方的"保存"选项，即可将自动生成的天气预报文案保存至百度智能创作平台的"我的作品"板块。

图6-136　完成自动写作的"模板"页面

不可否认，AI 写作为新媒体运营者提供了更多的写作灵感，系统甚至能自动输出可读性尚佳的内容，这大幅提升了新媒体运营者的写作效率。

但是，就目前而言，AI 写作仍有其局限性，无法跳出现有信息的框架，写作风格不够灵活，无法代替人进行创造性的内容创作。因此，新媒体运营者应适度使用 AI 写作工具，而不可完全依赖这类工具进行内容创作。

▶▶▶ 6.6.2 AI 设计工具

AI 设计工具和 AI 写作工具类似，它可以帮助新媒体运营者快速完成部分图片的设计工作，如公众号文章的封面图制作，移动端与 PC 端平台的简易横幅（Banner）制作等。目前比较常用的 AI 设计工具有鹿班、凡科快图等。

1. 鹿班

鹿班是由阿里巴巴智能设计实验室自主研发的一款设计产品。基于图像智能生成技术，鹿班可以在短时间内完成大量海报图、会场图等的设计。新媒体运营者输入想实现的风格、尺寸，鹿班即可代替人工完成素材分析、抠图、着色等较耗时耗力的设计项目，实时生成多套符合要求的设计方案。

第一步：通过 PC 端浏览器搜索关键词"鹿班"，进入其官方网站首页，如图 6-137 所示。

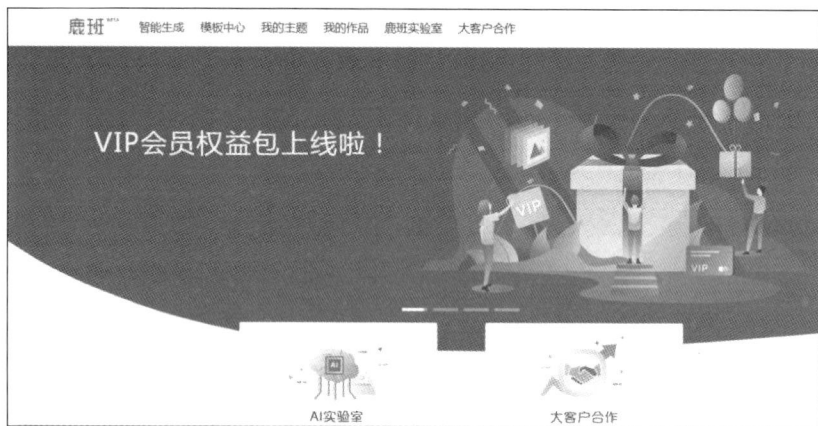

图 6-137　鹿班官方网站首页

第二步：注册阿里云账号并登录，或使用淘宝账号授权绑定鹿班并登录。

第三步：单击鹿班首页上方的"智能生成"选项，进入"智能生成"页面。此处以"商品主图"为例，单击"智能生成"页面中的"商品主图"选项，如图 6-138 所示。

第四步：进入"商品主图"页面，单击页面中的"图片添加"按钮▢，如图 6-139 所示。

图 6-138　单击"智能生成"页面中的"商品主图"选项

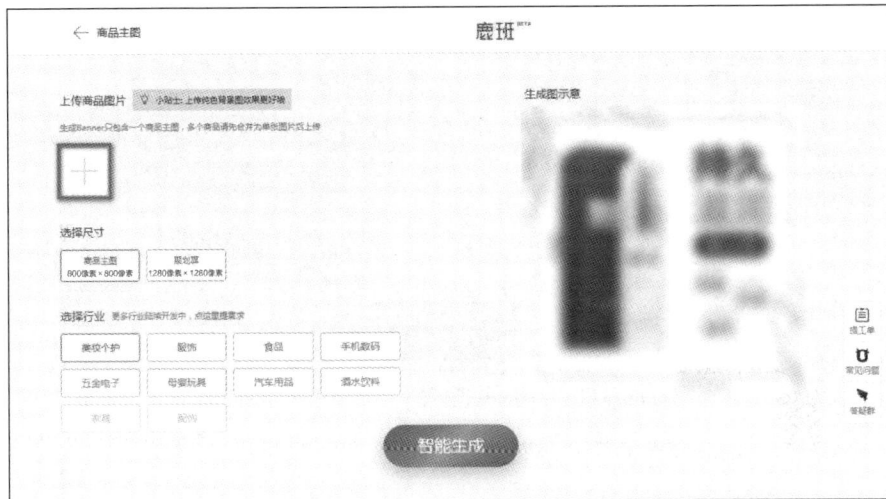

图 6-139　进入"商品主图"页面并单击"图片添加"按钮

第五步：进入"图片选择与上传"页面，单击页面上方的"我的素材库"选项，上传本地图片，或单击页面上方的"版权素材"选项，上传在线版权图片。此处以一张名为"手机支架 2"的本地图片为例，从本地文件夹中选择并将其导入，单击页面右下角的"确定"选项，即可完成图片的上传，如图 6-140 所示。

第六步：返回"商品主图"页面，选择主图的尺寸和商品所属行业，完成上述操作后单击页面下方的"智能生成"选项，完成信息设置，如图 6-141 所示。

第七步：新跳转的"智能生成图片"页面呈现了系统自动生成的多张商品主图，如图 6-142 所示，新媒体运营者可以根据需要选择并购买合适的商品主图。

图 6-140 "图片选择与上传"页面

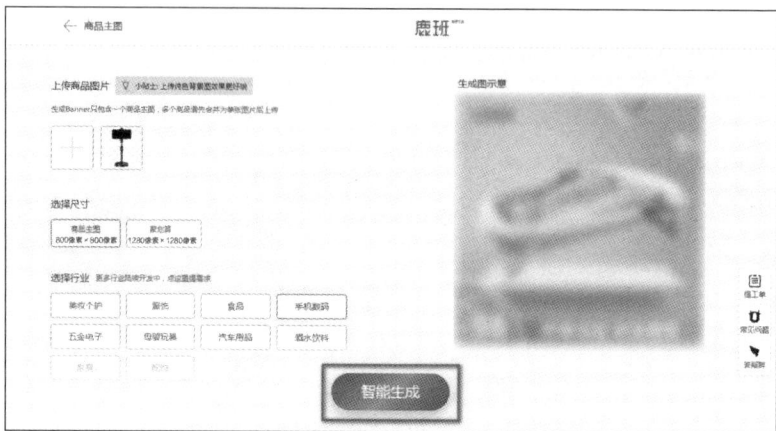

图 6-141 完成信息设置的"商品主图"页面

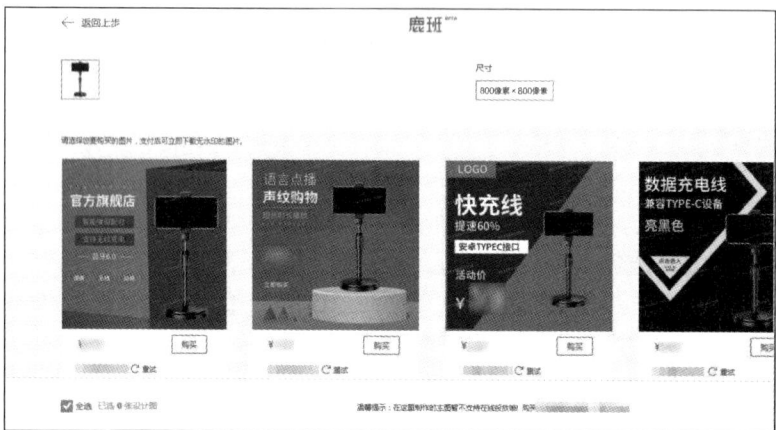

图 6-142 "智能生成图片"页面

2. 凡科快图

凡科快图是一个提供在线设计服务的图片制作平台，其中的工具箱为新媒体运营者提供了 AI 抠图、AI 设计、AI 传图改字等智能设计功能。凡科快图操作简单，便于新媒体运营者快速制作简易图片。此处将具体介绍凡科快图的 AI 抠图功能的使用。

第一步：通过 PC 端浏览器搜索关键词"凡科快图"，进入其官方网站，注册并登录。新媒体运营者也可以使用微信 App 扫码关注其官方公众号并自动登录。

第二步：单击凡科快图官方网站首页上方的"AI 抠图"选项，如图 6-143 所示。

图 6-143　进入凡科快图官方网站首页并单击"AI 抠图"选项

第三步：进入"AI 抠图"页面，该页面包含"商品批量抠图""人像批量抠图""智能证件照"三大功能。此处以"商品批量抠图"为例，单击"商品批量抠图"选项，如图 6-144 所示。

图 6-144　进入"AI 抠图"页面并单击"商品批量抠图"选项

第四步：在新弹出的"图片上传"弹窗中单击"上传图片"选项，即可上传本地图片，最多可上传 20 张图片。此处以一幅"儿童侧身站立图"为例，如图 6-145 所示。

图 6-145 "图片上传"弹窗

第五步：完成上传后，单击"图片上传"弹窗右下角的"一键抠图"选项。

第六步：跳转至"抠图编辑"页面，此时页面中呈现的"儿童侧身站立图"的背景已被系统一键抠除。新媒体运营者可以选择继续为该图添加 Logo，设置背景和尺寸，完成全部设置后单击页面右上角的"全部下载"选项，如图 6-146 所示，将完成抠图处理的图片下载至本地文件夹。

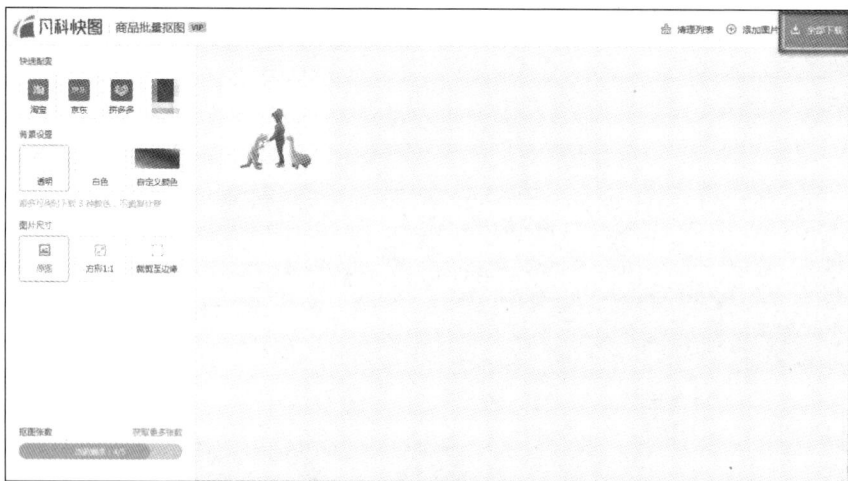

图 6-146 在"抠图编辑"页面中单击"全部下载"选项

AI 设计的优势是能为新媒体运营者节省设计时间，降低设计门槛，为非专业设计师提供好用的设计渠道。新媒体运营者可以适度使用 AI 设计工具，提升工作效率，但同时也要认识到，设计是一项创意行为，人的创造力更加强大，AI 设计工具所提供的功能并不能完全取代传统的创意设计。

请使用凡科快图的 AI 抠图功能为自己制作 3 种不同背景的证件照。

6.7 其他常用辅助工具

除了可以使用 AI 写作与设计工具提升文字写作、图片设计的效率外，新媒体运营者还可以利用其他辅助工具，提升自身对其他新媒体内容的处理效率。例如，使用短网址缩短冗长的网址原链接，使用相应的查询网站和工具提前识别不能使用的敏感词与违禁词。

▶▶▶ 6.7.1 短网址

短网址是一款能够缩短网址链接长度、生成链接二维码的实用小工具。一般的平台和网站上生成的网址链接往往过长，比如腾讯某篇新闻的网址链接超过了 50 个字节，新媒体运营者将这一超长的网址链接复制并分享至微信、微博等平台，往往会影响用户的阅读体验，甚至有可能因为网址链接过长导致信息发送失败。使用短网址可以有效解决此类问题。

短网址服务分为付费和免费两类，新媒体运营者需付费使用的有百度短网址，可以免费使用的有闪速短网址、6 度等。此处详细介绍闪速短网址的使用方法。

第一步：通过 PC 端浏览器搜索关键词"闪速短网址"，进入其官方网站首页，如图 6-147 所示。

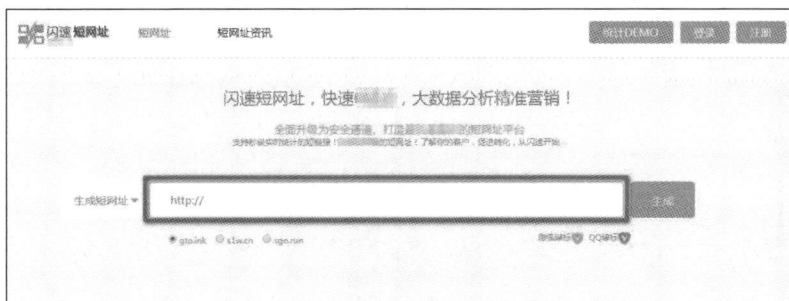

图 6-147　闪速短网址官方网站首页

第二步：在首页的网址输入框中输入需要转化的原网址。

第三步：单击网址输入框右侧的"生成"选项。

第四步：新跳转的页面中显示了 3 种已生成的短网址及原网址的二维码，如图 6-148 所示。新媒体运营者可以根据需要复制并分享短网址或二维码。

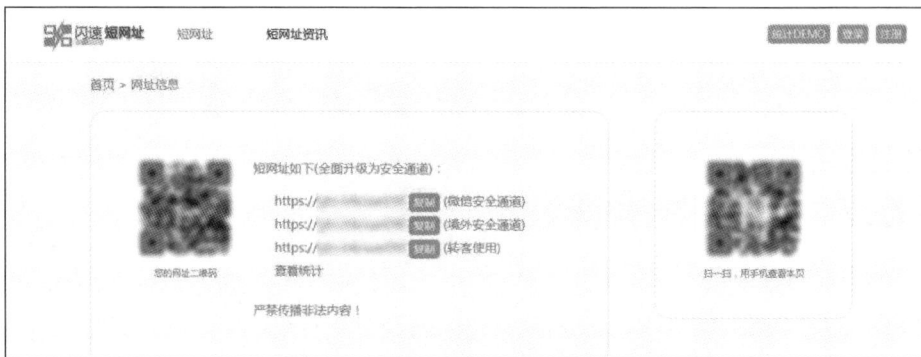

图 6-148　生成的短网址及原网址的二维码

▶▶▶ 6.7.2　敏感词与违禁词查询

随着广告用词监管力度的加大，许多带有指向性与误导性的用词都被禁止使用。新媒体运营者在日常工作中应以《中华人民共和国广告法》为依据，高度注意各式文案中的用词规范。市面上有不少敏感词与违禁词查询网站和工具，这些网站和工具可以很好地帮助新媒体运营者规避敏感词与违禁词。

常见的敏感词与违禁词查询网站和工具有句易网、广告禁用词小程序、禁用词查询 Lite 小程序等。此处以句易网为例，介绍敏感词与违禁词查询方法。

第一步：通过 PC 端浏览器搜索关键词"句易网"，进入其官方网站，注册并登录，进入网站首页。其首页左侧和右侧各有一个文本框，左侧文本框用于输入待过滤文字，右侧文本框用于显示文字过滤结果，如图 6-149 所示。

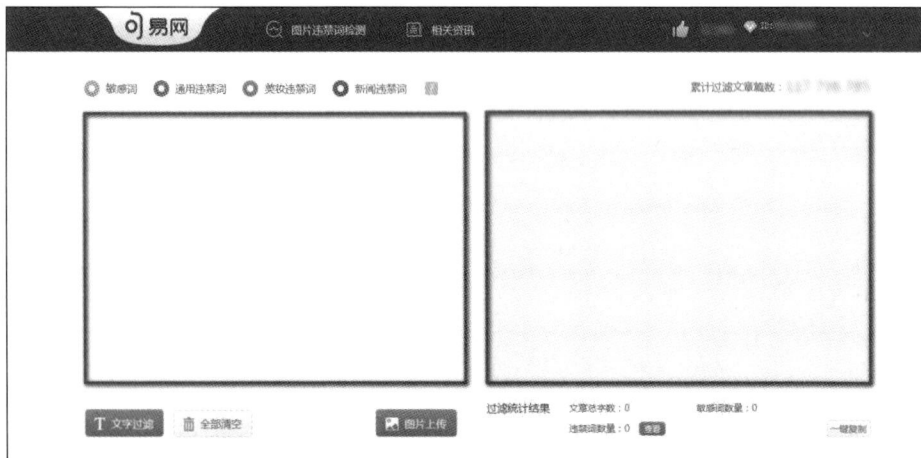

图 6-149　句易网首页

第二步：在左侧文本框中输入待过滤文字，此处以文字"最优惠的价格"为例，完成文字输入后，单击页面左侧文本框下方的"文字过滤"选项，如图 6-150 所示。

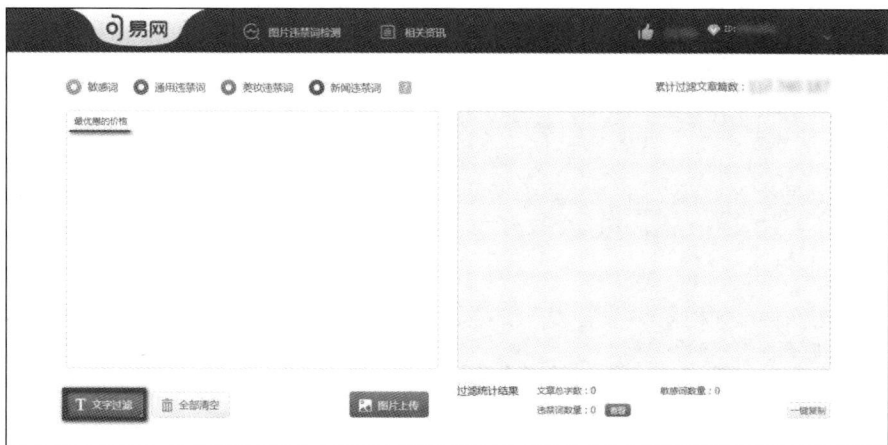

图 6-150 单击"文字过滤"选项

第三步：单击"文字过滤"选项后，页面右侧文本框中即显示文字过滤结果。如果此前输入的文字包含敏感词、通用违禁词、美妆违禁词、新闻违禁词，结果中的相关词语则会被标注不同颜色的底纹，如图 6-151 所示。

图 6-151 文字过滤结果

实战训练

请选择一段文字，使用广告禁用词小程序查询此段文字是否包含敏感词与违禁词。

▼ **思考与练习** ● ● ●

1. 你知道的社群激活工具有哪些?

2. 你知道的数据表单工具有哪些?

3. 你使用过哪些在线协作工具? 你觉得哪个比较好用? 为什么?

4. 你认为企业微信这类私域流量运营工具可以为企业提供哪些便捷的服务?

5. 使用 AI 设计工具设计一张海报并邀请同学进行评价。

第7章
常用互联网信息获取平台

【学习目标】
➤ 学习热点与指数的基本内涵。
➤ 了解获取热点的方法和平台。
➤ 了解短视频与直播数据跟踪和查询工具。
➤ 了解关键词查询的常用渠道。

　　互联网每天都会生成海量的图文、视频、音频内容。新媒体运营者在进行内容运营、用户运营、活动运营的过程中，需要快速获取互联网热点，查看榜单、指数，查询关键词，分析直播数据等，以了解用户关心和关注的问题，并精准查找具有对标价值的账号与内容。

7.1　获取热点

　　热点是指可以在极短的时间内快速扩散，得到大量用户关注和讨论的新闻、信息。热点具有实时性（突然爆发）、病毒性（广泛传播）、互动性（实时讨论）等特点。一些受年轻用户喜爱的传统节日或电商节日，如"七夕节""中秋节""双11""6·18"等，也属于热点的一部分。新媒体运营者可以针对此类热点提前策划营销活动并准备运营方案。

　　热点的产生必须满足以下条件：与大众相关，或大众能够参与，抑或信息具备话题性。通过对互联网热点的获取，新媒体运营者能快速地把握互联网流行风向、舆情动向，对自身创作内容大有裨益。本节将详细介绍新媒体运营者通过微博、百度、知乎、头条等平台获取热点的方法。

▶▶▶ 7.1.1 微博热点

微博话题是基于社会热点、个人兴趣等内容形成的相关话题页，其自动收录了以"#话题关键词#"这一形式发布的各类相关微博内容。品牌和企业可以借助热门话题进行宣传推广，关键意见领袖（Key Opinion Leader，KOL）也可以结合热点发表自己的看法并引导用户讨论。

凭借发布内容体量小、时效性强的特点，微博在互动反馈方面比传统媒体更为灵活。正因如此，微博也成为众多品牌和企业重点关注的舆情策源地。新媒体运营者可以利用微博的热搜榜、热门话题榜对互联网热点进行挖掘。

1. 热搜榜

通过 PC 端浏览器搜索关键词"微博"，进入微博首页，单击页面上方的搜索框，即可查看部分热搜榜信息，最上方为"查看完整热搜榜"字样，如图 7-1 所示。

图 7-1　微博首页搜索框

单击"查看完整热搜榜"字样，即可进入"热搜榜"详情页面，如图 7-2 所示。

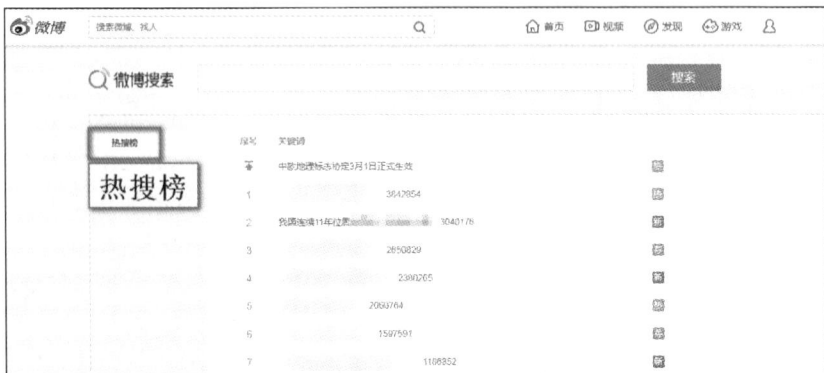

图 7-2　"热搜榜"详情页面

热搜榜每 10 分钟更新一次，榜单按照内容在一段时间内的搜索量进行排序，短时间内搜索量较高、上升趋势较快的内容则可能进入榜单。同时，为了防止恶意"刷榜"行为，微博对参与搜索的用户的质量有一定要求，并设置了监测机制。

2. 热门话题榜

除热搜榜外，微博还有另一个影响力较大的榜单，即热门话题榜。

通过 PC 端浏览器进入个人微博首页，单击页面右侧"热门话题"板块下方的"查看更多"选项，如图 7-3 所示，即可进入"热门话题榜"页面，如图 7-4 所示。

图 7-3 单击微博首页"热门话题"板块下方的"查看更多"选项

图 7-4 "热门话题榜"页面

热门话题榜的排序主要是以单位小时内的"阅读数"为依据，但"阅读数"并不是其唯一的排序标准。热门话题榜除了会考量话题的真实阅读传播覆盖能力外，还会注重话题在传播过程中引发的用户参与度（如讨论人数、相关微博数），以及话题参与用户构成多样性等。

实战训练

请在微博首页查看最新的完整热搜榜。

▶▶▶ 7.1.2 百度热点

百度以大量用户的每日搜索行为数据作为基础，建立了一系列较为全面的多品类关键词排行榜。新媒体运营者可以通过百度热搜快速获取百度的热点。

第一步：打开 PC 端百度搜索引擎首页，首页搜索框下方设有"百度热搜"板块，单击该板块顶部的"百度热搜"字样，如图 7-5 所示。

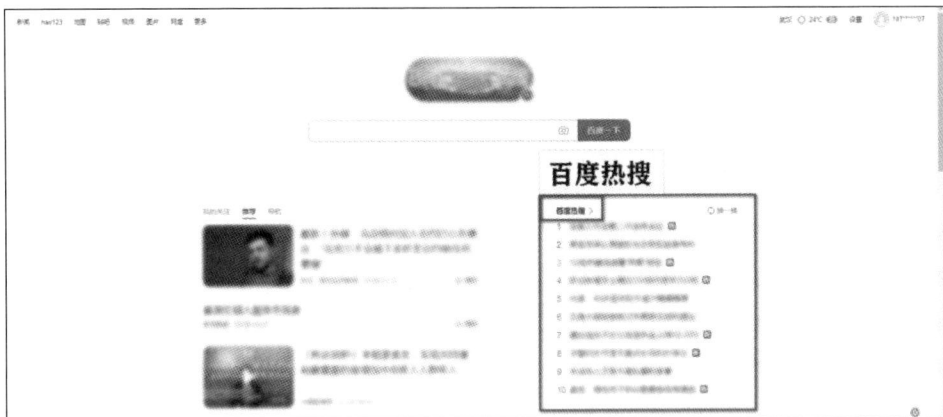

图 7-5　在百度搜索引擎首页单击"百度热搜"字样

第二步：进入"百度热搜"页面，页面中包含"热搜榜""实时脉搏""热点活动""小说榜""电影榜""电视剧榜"等板块，如图 7-6 所示，新媒体运营者可以很方便地查找所需的热点。

"百度热搜"能在一定程度上反映互联网的实时动态。但新媒体运营者也应保持理性，对百度提供的热点进行甄别，选择与自己所运营的新媒体账号调性相契合的热点，不可盲目跟风。

除了百度搜索引擎外，UC 浏览器、搜狗浏览器等搜索引擎也包含相应的热点、热榜板块，新媒体运营者也可以从中获取热点。移动端的 UC 浏览器 App 中的"UC 热榜"界面，如图 7-7 所示。

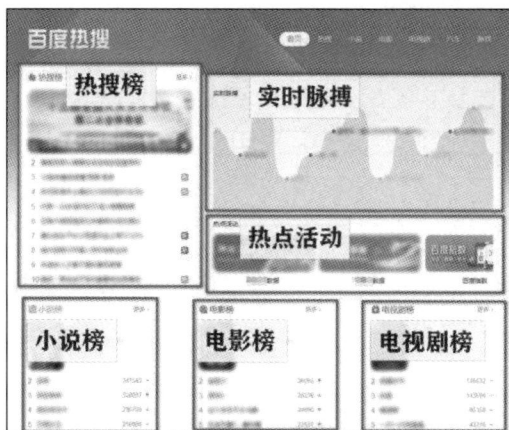

图 7-6 "百度热搜"页面

图 7-7 "UC 热榜"界面

▶▶▶ 7.1.3　知乎热点

知乎热榜是知乎根据平台内容热度值制定的排行榜,聚合了知乎热门和具有讨论价值的内容。知乎热榜中的内容热度值,是根据该条内容近 24 小时内的浏览量、互动量、专业加权、创作时间及在榜时间等数据综合计算得出的。

从移动端登录知乎 App,进入 App 首页,点击首页顶部菜单栏中的"热榜"选项,即可查看实时的知乎热榜信息,如图 7-8 所示。

图 7-8　查看实时的知乎热榜信息

点击热榜中的热点话题，即可进入话题讨论界面。知乎热榜聚集了社会热点、行业知识、校园、职场、"脑洞冷知识"等话题，以及精选的优质回答。新媒体运营者可以根据知乎的特性，挖掘社会、学术、科学等方面的热点。

▶▶▶ 7.1.4 头条热点

今日头条是近几年崛起的新媒体平台，该平台依靠其率先推出的算法推荐机制，积累了大批高黏性的用户。庞大的用户基数也让头条热榜成为新媒体运营者获取热点的重要渠道。

从移动端登录今日头条 App，进入 App 首页，点击首页顶部菜单栏中的"热榜"选项，如图 7-9 所示，即可进入"头条热榜"界面，查看实时的头条热榜信息。

"头条热榜"界面包含不同的细分榜单，如"本地榜""国际榜"等，如图 7-10 所示，点击界面中的二级菜单即可跳转至对应的细分榜单。

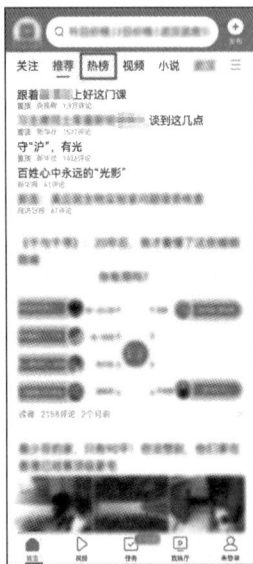

图 7-9　点击今日头条 App 首页的"热榜"选项　　　图 7-10　"头条热榜"界面

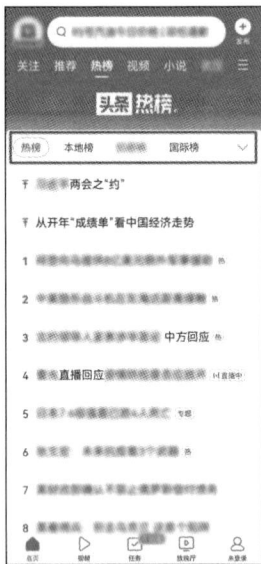

实战训练

请在你的手机上安装一款热门的搜索引擎 App，查看该 App 中的热点板块。

7.2 查看榜单

相较于各社交平台、搜索引擎，新媒体数据平台中的榜单针对性更强，热点更为翔实，新媒体运营者可以据此获取第一手数据，持续追踪热点。

▶▶▶ 7.2.1 新榜

新榜是我国较有影响力的内容产业服务平台之一，主要为新媒体运营者提供多层次的数据咨询、广告营销和品牌传播等服务方案。新榜平台使用方便，且拥有多个具体榜单，实用性强。

1. 登录新榜网站

通过 PC 端浏览器搜索关键词"新榜"，进入新榜官方网站首页，如图 7-11 所示。

图 7-11　新榜官方网站首页

2. 查看具体榜单信息

新榜主要提供各平台不同账号的热度数据。单击网站首页中的"日榜"选项，如图 7-12 所示，即可进入详细榜单页面。

图 7-12　单击"日榜"选项

进入详细榜单页面，页面上方的菜单栏显示了几大热门平台类型，如微信、视频号、微博、抖音号、快手号、哔哩哔哩等。每一平台类型下还有时间筛选条件，如日榜、周榜、月榜，以及内容类型筛选条件，如文化、百科、健康、时尚、美食等。此处依次单击"微信"—"日榜"—"文化"选项，页面下方显示的榜单即为符合筛选条件的微信公众号账号热度榜单，如图 7-13 所示。

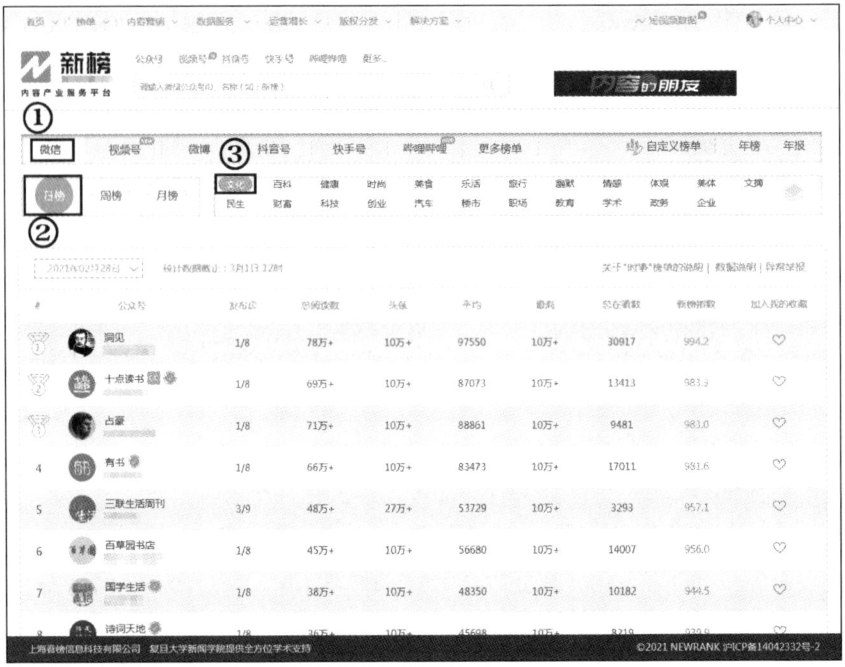

图 7-13　详细榜单页面

3. 查看具体平台账号信息

微信类目下的榜单默认为微信公众号榜单，此处以上述榜单中的"十点读书"公众号为例，单击榜单中的"十点读书"公众号信息条目，即可进入"十点读书"公众号详情页面，进一步查看此公众号的详细信息，如图 7-14 所示。

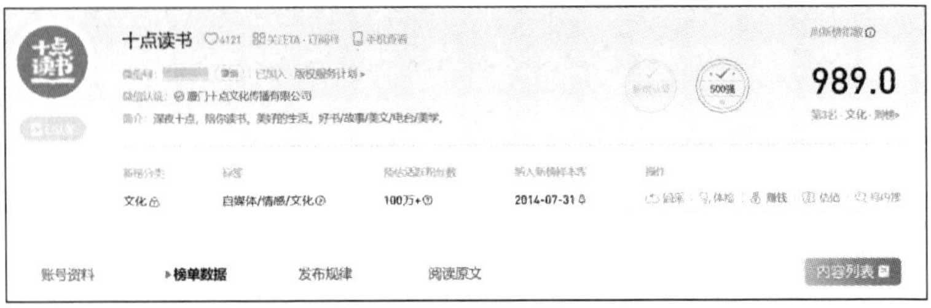

图 7-14　"十点读书"公众号详情页面

在"十点读书"公众号详情页面中，除了"十点读书"的微信号、新榜分类、标签、粉丝数等基本信息外，新媒体运营者还可以查看其具体的榜单排行和新榜指数变化情况，如图 7-15 所示。

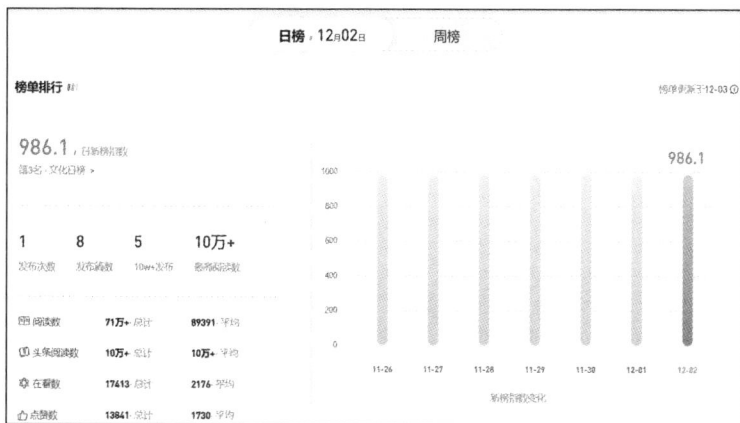

图 7-15　榜单排行和新榜指数变化情况

▶▶▶ 7.2.2　清博智能

清博智能（原名"清博大数据"）是新媒体大数据平台，拥有清博指数、清博舆情等多款核心产品。清博智能整合了微信、微博、今日头条、抖音等多个新媒体平台的信息。清博指数作为清博智能的一款核心产品，其主要功能为利用相关评估模型分析传播主体的传播效力。

1. 登录清博智能网站

通过 PC 端浏览器搜索关键词"清博智能"，进入其官方网站首页，单击首页中的"清博指数"选项，如图 7-16 所示，即可进入"清博指数"页面。

图 7-16　单击清博智能官方网站首页中的"清博指数"选项

2. 查看具体榜单信息

"清博指数"页面布局与新榜的详细榜单页面类似，也为新媒体运营者提供了许多平台的日榜、周榜和月榜数据。相较于新榜，清博指数的数据更加翔实。以微信榜单为例，清博指数不仅可以提供微信公众号账号的热度排行榜，还可以提供微信中的文章、视频的热度排行榜，如图 7-17 所示。

图 7-17 "清博指数"页面

3. 查看账号详细信息

清博指数支持查看排行榜上具体账号的详细信息。此处以"观察者网"公众号为例。单击"清博指数"页面账号列表中的"观察者网"公众号条目，进入该公众号详情页面。页面包含公众号的基本信息，如微信号、分类、地区、当日文章及账号数据等，如图 7-18 所示。

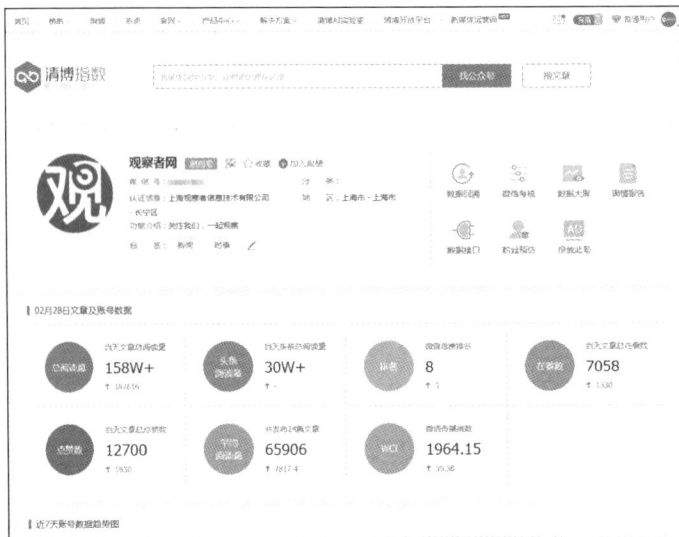

图 7-18 "观察者网"公众号详情页面

清博指数还提供账号数据可视化分析功能，如图 7-19 所示。在"观察者网"公众号详情页面，新媒体运营者可以对该账号的文章内容数据信息进行整合，并制成多个可供分析的数据图。

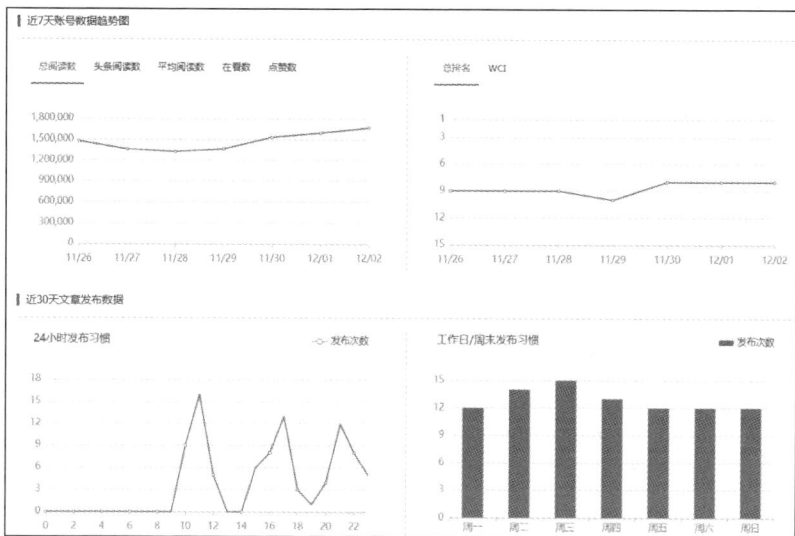

图 7-19　账号数据可视化分析功能

实战训练

请登录清博智能网站，查看"观察者网"公众号的基本信息。

7.3　指数

互联网信息的巨量增长，也带来了信息和数据的沉淀，越来越多的平台发展出基于用户行为数据的数据分析板块，如百度的百度指数、微信的微信指数。对想要深度挖掘互联网热点的新媒体运营者而言，灵活利用指数的分析结果，可以更好地搜寻相应热点。

7.3.1　百度指数

百度指数是以百度用户行为数据为基础的数据分享平台。通过百度指数，新媒体运营者可以研究关键词搜索趋势、洞察百度用户的需求变化、定位数字消费者特征，从行业的角度分析市场特点。

1．主要用途

百度指数可以为新媒体运营者提供多维度的数据分析。

（1）热度

新媒体运营者可以根据百度指数中的搜索量数据，判断某个关键词的热度：搜索量越高，则代表该关键词的热度越高。例如，在百度指数中输入关键词"百度指数"，则可以查看这一关键词在不同时间段的搜索量。搜索量的高低与关键词的同期热度成正比。

（2）地域分布

地域分布可以直观地显示某个关键词在不同地域的搜索量／热度。例如，某企业可以将自己的企业或产品名称作为关键词进行搜索，查看该关键词在不同地域的搜索量／热度，以此判断不同地域用户对该企业或产品的关注度。

（3）年龄及性别分布

同地域分布一样，年龄及性别分布可以告知新媒体运营者某个关键词在不同年龄／性别用户中的热度。年龄及性别分布可以勾勒用户的人群属性，对新媒体运营者而言，这一数据有助于优化运营策略。

（4）资讯关注

新媒体运营者可以通过百度指数了解某个关键词的资讯关注度变化情况。一般而言，某个关键词热度较高时，其相关的资讯关注度也较高，新媒体运营者也更容易搜索到这一时间段的资讯素材。例如，查看关键词"双 11"的资讯关注图表后可以看出，资讯关注图表中波峰段为"双 11"预售及活动时间段，这也是该关键词相关资讯内容最多的时间段。

2. 特色功能

注册百度账号，通过 PC 端浏览器搜索关键词"百度指数"，进入其官方网站首页，首页中间显示的是百度指数搜索框。在搜索框中输入待查询的关键词，单击搜索框右侧的"开始探索"按钮，即可看到对应的指数查询结果。

此处以关键词"手机"为例，在搜索框中输入关键词"手机"，如图 7-20 所示，单击搜索框右侧的"开始探索"按钮，即可进入关键词为"手机"的百度指数详情页面。

图 7-20　在搜索框中输入关键词"手机"

百度指数详情页面包含"趋势研究""需求图谱""人群画像"三大功能板块，如图 7-21 所示。

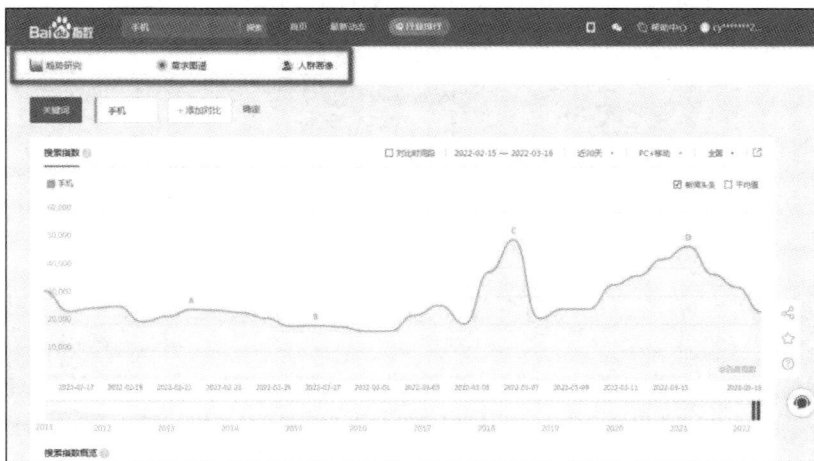

图 7-21　百度指数详情页面

（1）趋势研究

通过"趋势研究"的相关功能，新媒体运营者不仅可以查看近 7 天、近 30 天的单日指数，还可以自定义查询时间，对关键词的搜索指数进行追踪，如图 7-22 所示。同时，新媒体运营者可以通过"添加对比"选项，将当前搜索的关键词与新的关键词进行指数对比，如图 7-23 所示。

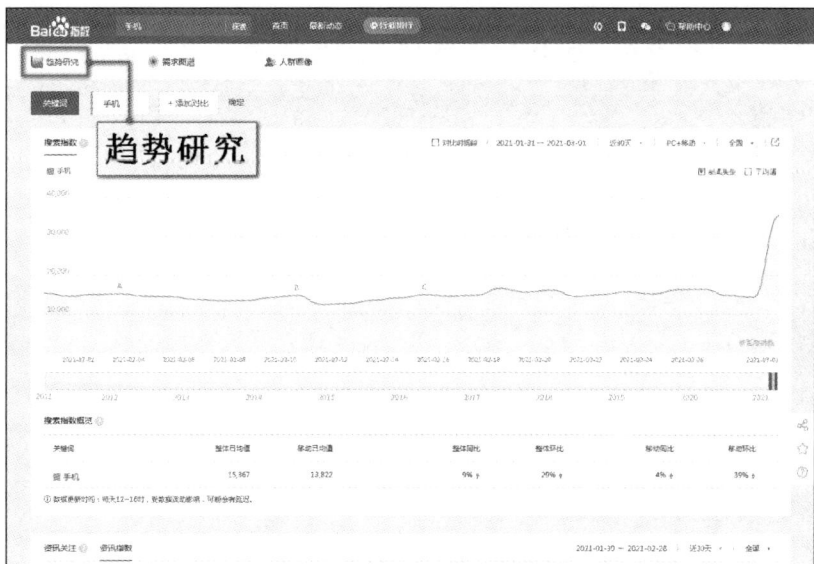

图 7-22　"趋势研究"页面

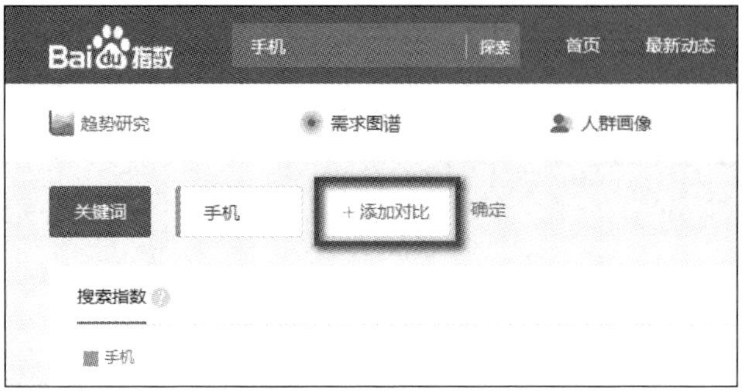

图 7-23 "添加对比"选项

（2）需求图谱

通过"需求图谱"的相关功能，新媒体运营者可以查看与关键词相关的、搜索频率较高的词语，如"手机品牌""手机报价""手机中关村""华为手机"等，还可以查看相关词语的热度排行，如图 7-24 所示。

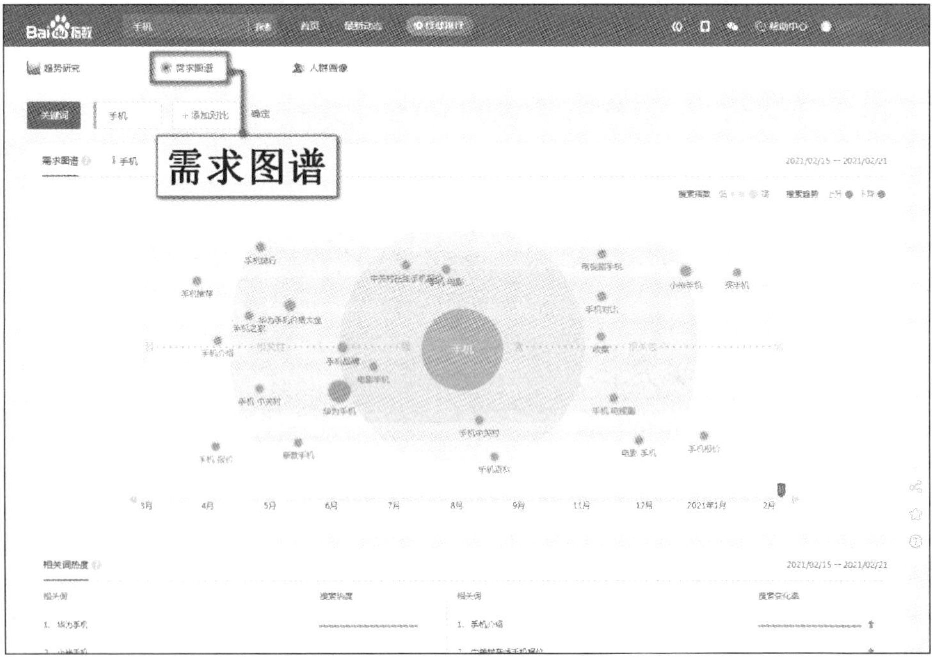

图 7-24 "需求图谱"页面

（3）人群画像

通过"人群画像"的相关功能，新媒体运营者可以查看搜索"手机"相关关键词的用户的地域分布、人群属性等情况，如图 7-25 所示。

图7-25 "人群画像"页面

3. 特定搜索

百度指数支持比较搜索与累加搜索。

（1）比较搜索

在百度指数搜索框中输入多个关键词，并使用半角逗号将不同的关键词隔开，即可实现关键词数据的比较搜索，搜索结果将在曲线图上以不同颜色的曲线加以表现。需要注意的是，百度指数最多支持3个关键词的比较搜索，在输入多个关键词时，关键词之间的逗号必须为英文输入状态下的半角逗号。

此处以"手机"和"计算机"两个关键词为例。通过PC端浏览器进入百度指数的官方网站，在搜索框中输入关键词"手机,计算机"，如图7-26所示。单击搜索框右侧的"开始探索"按钮，进入两个关键词的比较搜索详情页面，如图7-27所示。

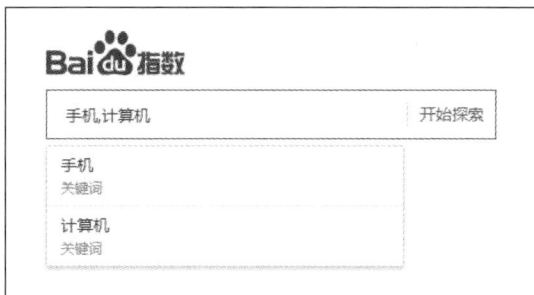

图7-26 "手机,计算机"的关键词输入页面

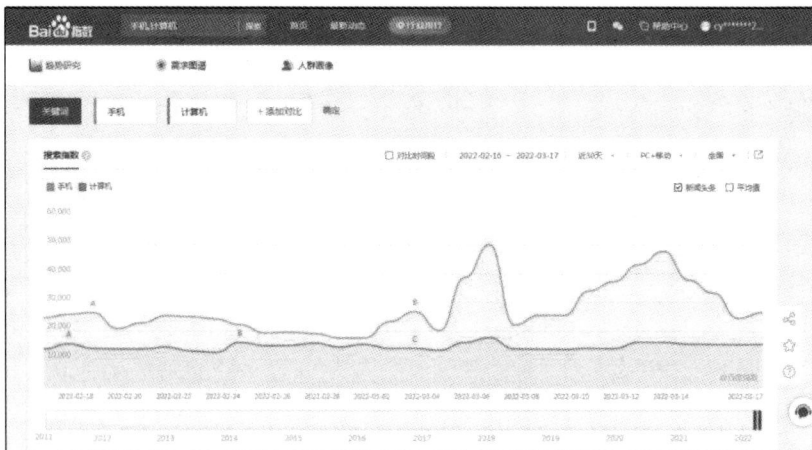

图 7-27 "手机,计算机"的比较搜索详情页面

（2）累加搜索

在百度指数搜索框中输入多个关键词，并使用加号将不同的关键词隔开，即可实现不同关键词数据的累加搜索。汇总数据将展现为组合关键词的搜索详情。百度指数最多支持 3 个关键词的累加检索。

此处以"手机"和"计算机"两个关键词为例。通过 PC 端浏览器进入百度指数的官方网站，在搜索框中输入关键词"手机+计算机"，如图 7-28 所示。单击搜索框右侧的"开始探索"按钮，进入两个关键词的累加搜索详情页面，如图 7-29 所示。

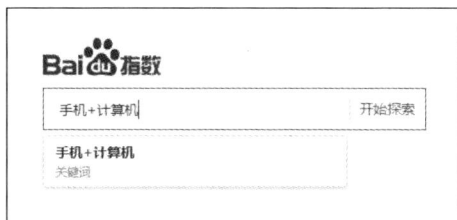

图 7-28 "手机+计算机"的关键词输入页面

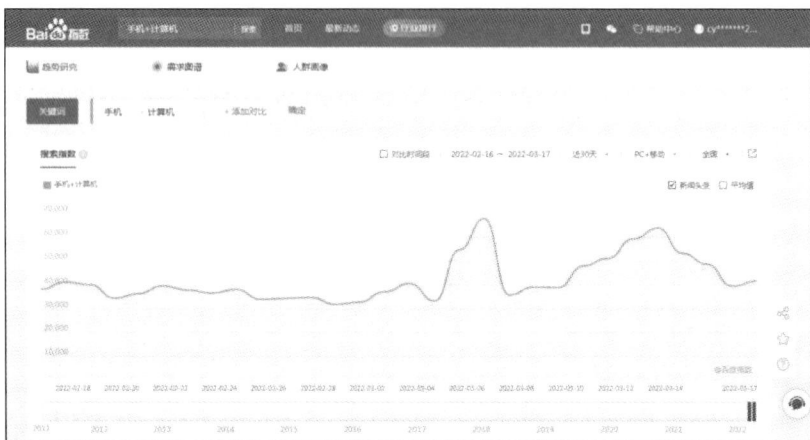

图 7-29 "手机+计算机"的累加搜索详情页面

请使用百度指数对 3 个相关关键词进行比较搜索与累加搜索，分析搜索结果。

▶▶▶ 7.3.2　微信指数

微信指数是基于微信大数据的移动端指数产品，能反映关键词在微信平台内的热度变化。

1. 主要用途

微信指数最直接的商业应用价值，在于帮助企业及其新媒体运营者提升精准传播的能力并优化运营策略。

（1）提供热点线索

微信指数可以帮助新媒体运营者确定宣传推广的选题方向，以吸引用户关注和讨论。一些潮流技术、兴趣爱好方面的热点关键词，也能通过微信指数的量化供企业参考，帮助其优化业务结构。例如，有的玩具厂商以热度持久的关键词"人工智能"为灵感，开发出可以人机交互的智能玩具，产品发布后果然受到广大家长和孩子的喜爱。

（2）追踪推广效果

微信指数也能帮助企业评估特定产品的推广效果。例如，当企业的某款产品在微信朋友圈、微信公众号中被大力推广，且获得微信指数的收录后，企业便能持续通过对该产品指数热度的追踪，评估产品的推广效果。

2. 功能应用

此处以移动端的微信 App 为例。

（1）单个关键词查询

第一步：从移动端登录微信 App，点击 App 首页下方菜单栏中的"发现"选项，进入"发现"界面，点击该界面中的"搜一搜"选项，如图 7-30 所示。

第二步：进入"搜一搜"界面，点击界面中的"微信指数"选项，如图 7-31 所示。

第三步：进入"微信指数"界面，此处以"手机"为例，在界面上方的搜索框中输入关键词"手机"并搜索，即可查看"手机"的微信指数预览图，如图 7-32 所示。

第四步：点击该预览图，即可进入"手机"的微信指数详情界面，查看相关关键词的"指数趋势"等信息，如图 7-33 所示。

（2）多个关键词对比查询

此处以"手机"和"计算机"两个关键词为例。

图 7-30　微信"发现"界面

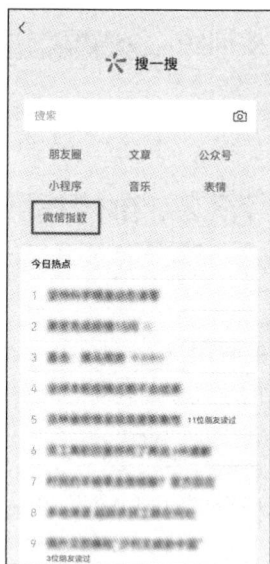

图 7-31　"搜一搜"界面

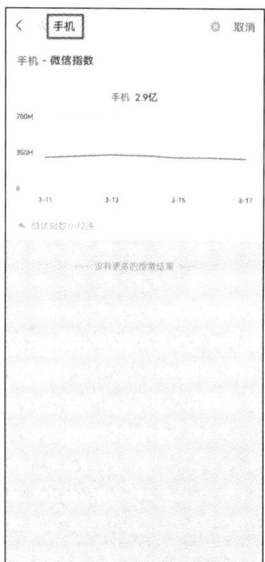

图 7-32　"手机"的微信指数预览图

图 7-33　"手机"的微信指数详情界面

第一步：按照前文所述步骤，进入"手机"的微信指数详情界面，点击详情界面中的"添加对比词"选项，如图 7-34 所示。

第二步：在新弹出的搜索框中输入关键词"计算机"并搜索，如图 7-35 所示，即可进入"手机"与"计算机"两个关键词对比查询的详情界面，如图 7-36 所示。

图 7-34 点击"添加对比词"选项　　图 7-35 新弹出的搜索框　　图 7-36 对比查询的详情界面

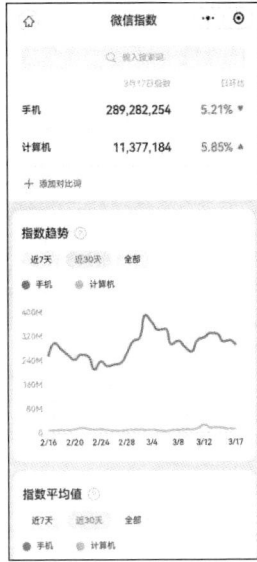

实战训练

请使用微信指数对两个相关关键词进行对比查询，并对查询结果做简要分析。

7.4 短视频与直播数据跟踪和查询

随着短视频与直播行业的发展，各大新媒体平台纷纷大力发展短视频与直播业务，短视频与直播运营也成为越来越多品牌和企业的常规运营动作。新媒体运营者可以通过专业的平台寻找对标账号、查看账号数据、挖掘"爆款"商品，为自有账号的短视频与直播运营提供参考依据。

▶▶▶ 7.4.1 飞瓜数据

飞瓜数据是一个专业的短视频和直播电商数据分析平台，提供抖音、快手、哔哩哔哩三大平台的短视频排行与数据分析。飞瓜数据可以提供单个抖音、快手、哔哩哔哩账号的数据管理与日常运营情况查询服务，也可以提供单个短视频的数据追踪服务。除此之外，新媒体运营者还可以通过飞瓜数据收集热门短视频、音乐、播主信息，查询热门"带货"情况。

该平台数据丰富，但只能付费使用或短期免费试用，新媒体运营者可根据业务需要酌情使用。

通过 PC 端浏览器搜索关键词"飞瓜数据"，进入其官方网站首页，单击首页的"抖音版""快手版""B 站版"选项，可直接进入对应平台的数据分析页面，如图 7-37 所示。

图 7-37　飞瓜数据官方网站首页

以抖音版为例，单击飞瓜数据官方网站首页的"抖音版"选项，进入抖音数据分析页面，如图 7-38 所示。新媒体运营者可以在页面上方的搜索框中输入播主名称、抖音号或账号主页链接，寻找想要查看的抖音账号和播主信息。搜索框下方并排显示了"监控实时直播""解析带货数据""发现爆款商品""挖掘黑马主播"等功能选项。

图 7-38　抖音数据分析页面

1. 监控实时直播

单击"监控实时直播"选项，跳转至"实时直播热榜"页面，查看实时的"销售额排序""销量排序""人数峰值排序"情况，如图 7-39 所示。

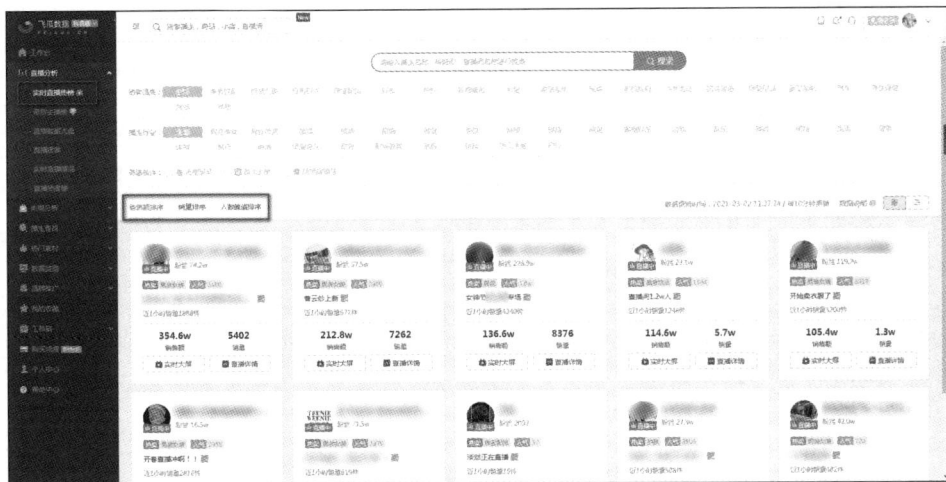

图 7-39 "实时直播热榜"页面

2. 解析带货数据

单击"解析带货数据"选项，跳转至"带货主播榜"页面，查看当前的"带货主播榜""视频引流直播间"情况，如图 7-40 所示。

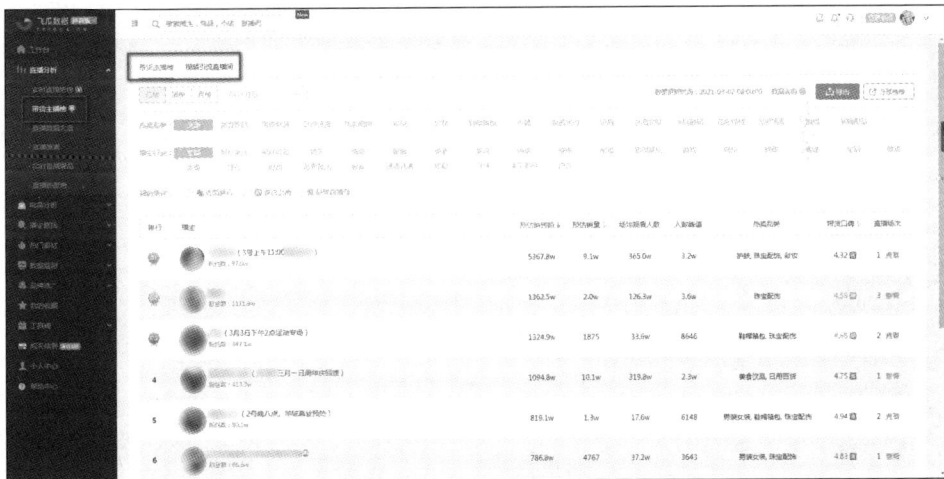

图 7-40 "带货主播榜"页面

3. 发现爆款商品

单击"发现爆款商品"选项，跳转至"抖音商品榜"页面，查看当前的"抖音商品榜""全网销量榜""实时爆品榜""抖音好物榜""淘客排行榜"情况，如图 7-41 所示。

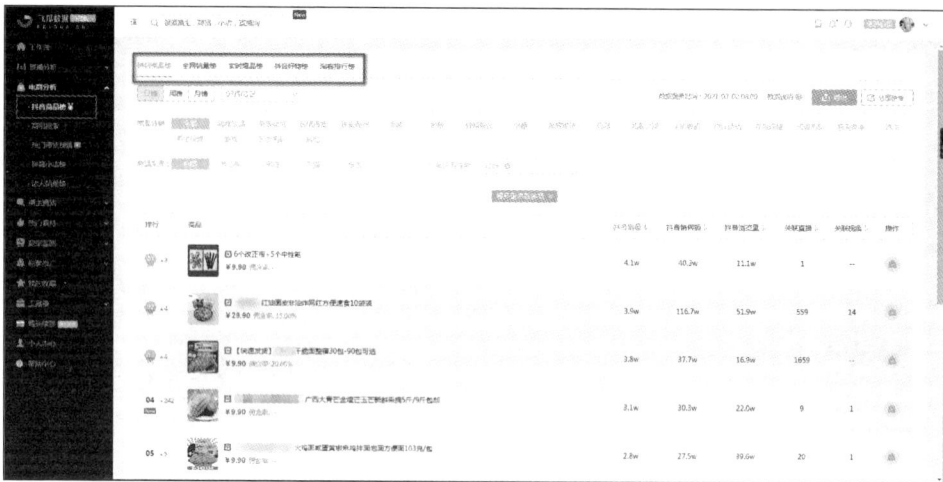

图 7-41 "抖音商品榜"页面

4. 挖掘黑马主播

单击"挖掘黑马主播"选项，跳转至"播主排行榜"页面，查看当前的"涨粉排行榜""行业排行榜""蓝 V 排行榜""地区排行榜""成长排行榜"情况，如图 7-42 所示。

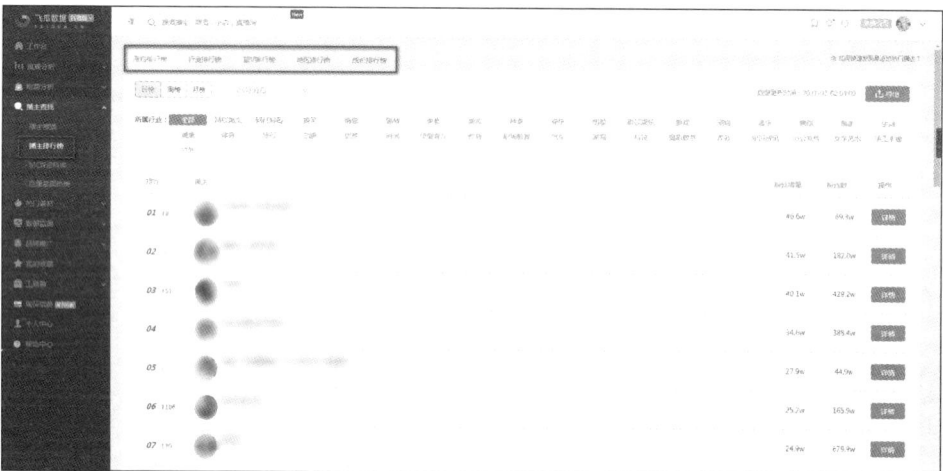

图 7-42 "播主排行榜"页面

5. 播主与账号信息分析

单击各排行榜中的播主或账号选项，即可进入该播主与账号的详情分析页面，查看更具体的数据分析结果，如"涨粉数据""视频数据""直播数据""粉丝趋势""点赞趋势"等，如图7-43所示。

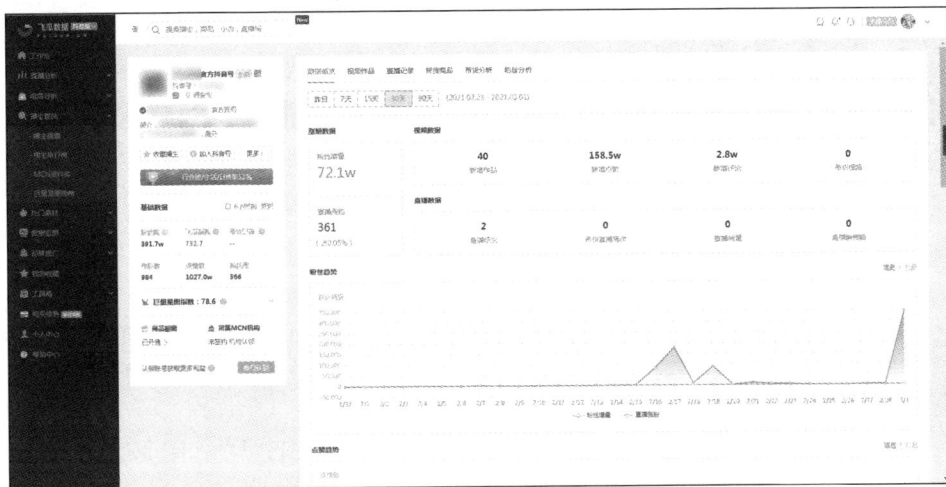

图7-43　播主与账号的详情分析页面

6. 热门素材

飞瓜数据还有一个重要的功能板块——热门素材。它通过对传播指数的综合分析，帮助新媒体运营者快速了解抖音当前的"热门视频""热门音乐""热门话题""热门评论""抖音热点"，如图7-44所示。

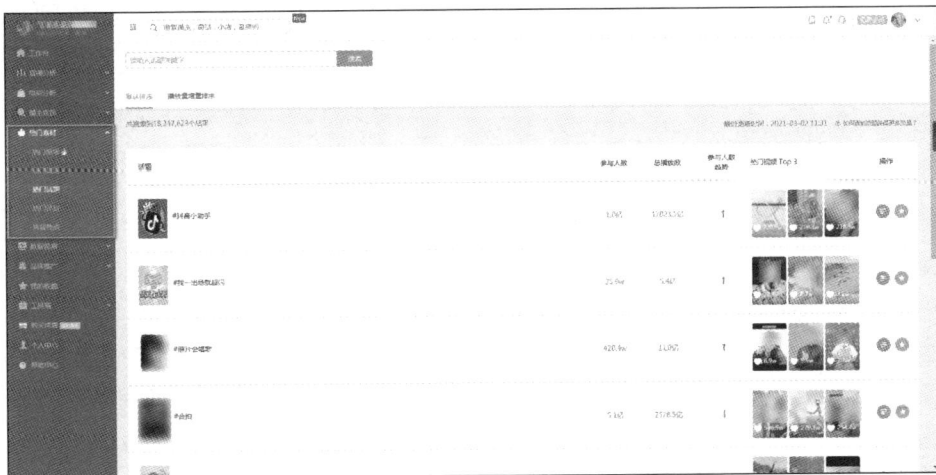

图7-44　"热门素材"页面

7. 其他常用功能

飞瓜数据的"我的抖音号"功能，提供了多个（上限为50个）账号数据同步监控功能，不仅可以 24 小时实时监控抖音账号核心指标变化，还可以通过作品分析、粉丝分析及互动数据分析等功能深度挖掘抖音账号的数据。

飞瓜数据的"工具箱"还提供了抖音号对比、直播间对比、直播号对比、视频"带货力"诊断等对比分析功能。

⚙ 实战训练

请使用飞瓜数据查看抖音数据分析里最新的销售类榜单。

▶▶▶ 7.4.2 新视

其中，新视是新榜旗下针对微信视频号的数据分析平台，能够全方位追踪微信视频号的行业趋势，提供榜单排行、热门动态、热点话题等服务。此处以新视为例，介绍新榜的基础功能及使用方法。

通过 PC 端浏览器搜索关键词"新视"，进入其官方网站首页，如图 7-45 所示。

图 7-45　新视官方网站首页

1. 找视频号

单击新视首页左侧导航栏中的"找视频号"选项，即可查看其下的二级功能选项，包括"视频号搜索""账号大盘""公众号同名""个人认证·万粉""暴涨视频号""地域找号"等，如图 7-46 所示。下面具体介绍其中 3 个功能。

（1）视频号搜索

单击新视首页"找视频号"项下的二级功能选项"视频号搜索"，进入"视频号搜索"功能页面。新媒体运营者既可以在搜索框中直接搜索指定账号，也可以通过筛选页面中的搜索条件，搜索满足条件的账号，如图 7-47 所示。

图 7-46　单击"找视频号"选项并查看其下的二级功能选项

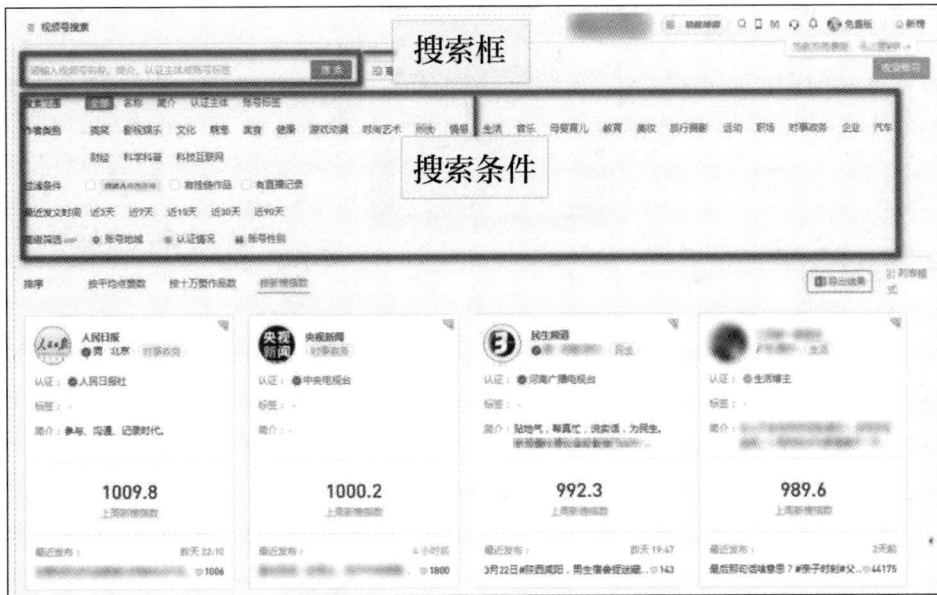

图 7-47　"视频号搜索"功能页面

（2）账号大盘

单击新视首页"找视频号"项下的二级功能选项"账号大盘"，进入"账号大盘"功能页面。新媒体运营者可以通过"视频号类别"和"统计时间"两项条件，筛选不同类目的视频号平均数据，如"作品数据表现""各分类作品平均点赞"等，如图 7-48 所示。

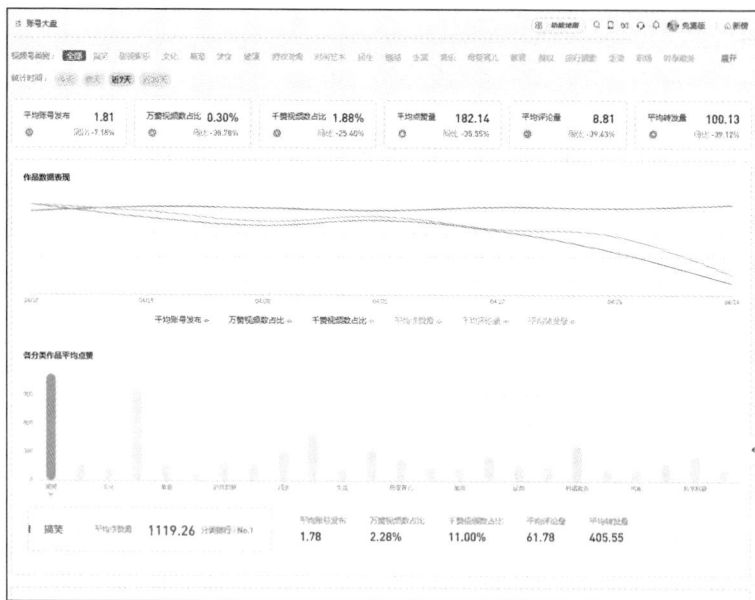

图 7-48 "账号大盘"功能页面

（3）暴涨视频号

单击新视首页"找视频号"项下的二级功能选项"暴涨视频号"，进入"暴涨视频号"功能页面。新媒体运营者可以通过"作者类别""暴涨日期"两项条件，筛选满足条件的账号。满足条件的账号列表中显示"视频号""作品获赞平均增幅""新增获赞""暴涨作品"等，如图 7-49 所示。

图 7-49 "暴涨视频号"功能页面

2. 视频号直播

单击新视首页左侧导航栏中的"视频号直播"选项，即可查看其下的二级功能选项，包括"热门直播间""主播排行""直播带货风向""预告广场""直播监测"等，如图 7-50 所示。下面具体介绍其中两个功能。

图 7-50 "视频号直播"选项

（1）热门直播间

单击新视首页"视频号直播"项下的二级功能选项"热门直播间"，进入"热门直播间"功能页面。新媒体运营者可以查看近期热门的直播列表，列表中包括"直播地域""开播时间""累计观看""总点赞"等数据，如图 7-51 所示。

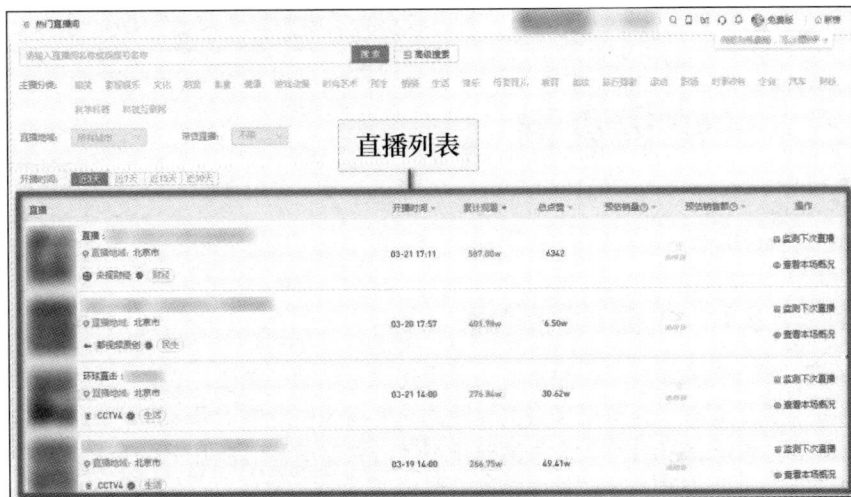

图 7-51 "热门直播间"功能页面

（2）直播带货风向

单击新视首页"视频号直播"项下的二级功能选项"直播带货风向"，进入"直播带货风向"功能页面。新媒体运营者可以查看近期各个品类的"商品销量分布""商品数量/直播销量走势""热门小商店"等数据，如图 7-52 所示。

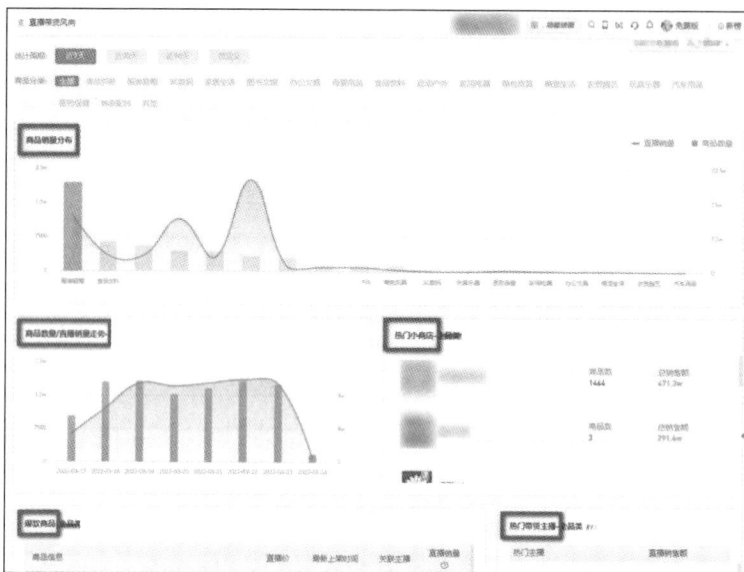

图 7-52　"直播带货风向"功能页面

实战训练

请尝试使用新视"视频号直播"功能搜索微信视频号的主播排行。

7.5　关键词查询

新媒体运营者时常需要对关键词进行定位与查询，本节将介绍关键词的定义、查询渠道及查询技巧。

7.5.1　关键词的定义

关键词源于英文单词"keywords"，是图书馆学领域的词语，指单个媒体在制作使用索引时用到的词汇。互联网领域的关键词通常指的是用户使用搜索引擎时，在搜索框中输入的、用以表达其个人需求的简化词语。关键词是用户需求的载体，用户通常会使用反映其核心思想的简化词语来进行搜索。

7.5.2　关键词常用查询渠道

关键词查询是互联网中最普遍、最重要的检索模式，常用的关键词查询渠道分为搜索引擎查询与平台内部查询两类。

1. 搜索引擎查询

所谓搜索引擎，是指根据用户需求与一定算法，运用特定策略从互联网检索指定信息并反馈给用户的一种检索工具。搜索引擎依托于多种技术，如网络爬虫技术、检索排序技术、网页处理技术、大数据处理技术、自然语言处理技术等，为用户提供高效的信息检索服务。目前，国内常用的搜索引擎包括百度、搜狗等，国际常用的搜索引擎包括谷歌、雅虎等。

2. 平台内部查询

除了搜索引擎外，关键词搜索还可以扩展至几乎所有平台。不论是国家政务平台、服务平台、院校平台，还是新媒体平台，几乎所有平台均提供内部查询功能，以便用户高效查询平台内的相关功能和内容。

▶▶▶ 7.5.3 关键词查询技巧

很多新媒体运营者认为，关键词查询操作简单，直接输入关键词即可。其实，关键词的查询也有技巧可言。掌握关键词的查询技巧，可以使查询结果更加精准。本小节将以百度搜索引擎为例，介绍几种实用的关键词查询技巧。

1. 过滤关键词

在待查询的关键词后添加符号"−"，加上需要过滤的关键词，即可去除标题中包含过滤关键词的查询结果。例如，在百度中以"学习 App"为关键词进行查询，则查询结果包含来自各个平台的内容，如图 7-53 所示。以"学习 App−知乎"为关键词进行查询，则查询结果呈现的是剔除与"知乎"相关内容后的内容，如图 7-54 所示。

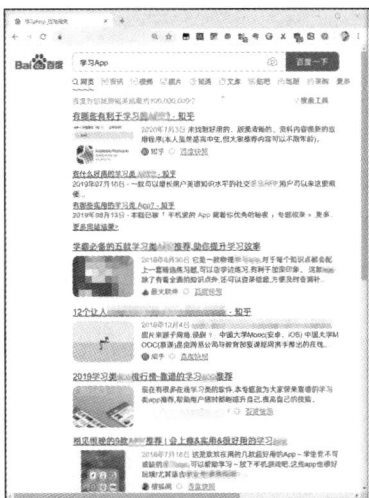

图 7-53　关键词"学习 App"的查询结果　　图 7-54　关键词"学习 App−知乎"的查询结果

2. 指定文件类型

在待查询的关键词后添加一个空格和"filetype:文件格式"，即可指定查询结果的文件类型。此处的文件格式包括但不限于 PPT、DOC、PDF、XLS 等。以关键词"答辩PPT"为例，此关键词的查询结果包含多种文件类型，如图 7-55 所示。在该关键词后添加一个空格和"filetype:ppt"，则查询结果全部为关于"答辩 PPT"的包含 PPT 文件格式内容的查询结果，如图 7-56 所示。

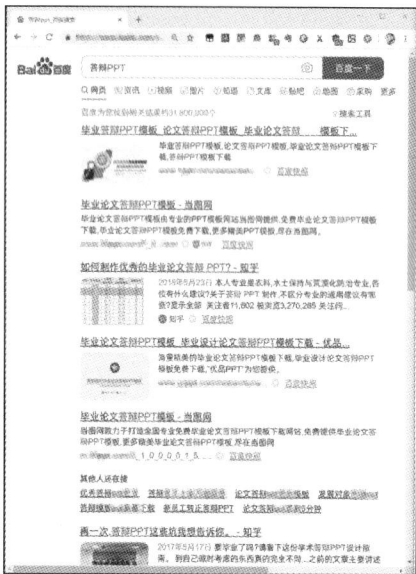

图 7-55　关键词"答辩 PPT"的查询结果

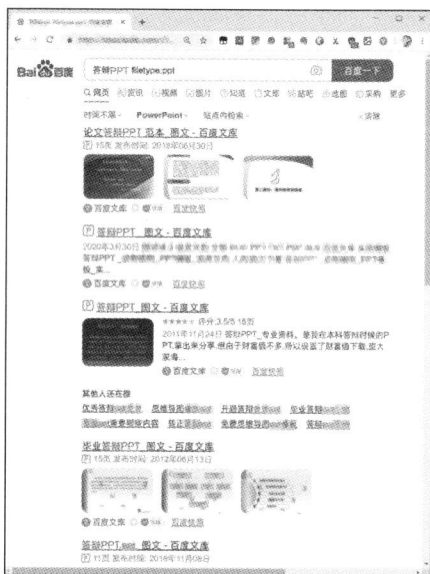

图 7-56　关键词"答辩 PPT filetype:ppt"的查询结果

3. 精准匹配

新媒体运营者在进行关键词查询时，有时会遇到"搜索引擎自动拆分关键词"的情况，以致查询结果并不精准。针对这一情况，新媒体运营者可以为关键词添加双引号，搜索引擎就会以完整关键词进行查询。例如，以"城市地铁"为关键词进行查询，则查询结果包含"城市"和"地铁"两个关键词的内容，如图 7-57 所示。如果为关键词"城市地铁"添加双引号后再进行查询，则可得到不被拆分的关键词的查询结果，从而提高查询的精准度，如图 7-58 所示。

4. 模糊搜索

当新媒体运营者记不清查询目标的全称或无法完整输入查询目标的全称时，可以使用星号"*"来代替模糊内容，此处的星号"*"被称为"通配符"，常用于模糊搜索的场景。例如，新媒体运营者想查询一部名为《浮生六记》的散文集，但只记得该散文集的最后两个字，则可以"*六记"为关键词进行模糊搜索。通过以上方式，新媒体运营者仍可以得到满意的查询结果，如图 7-59 所示。

图 7-57　关键词"城市地铁"的查询结果

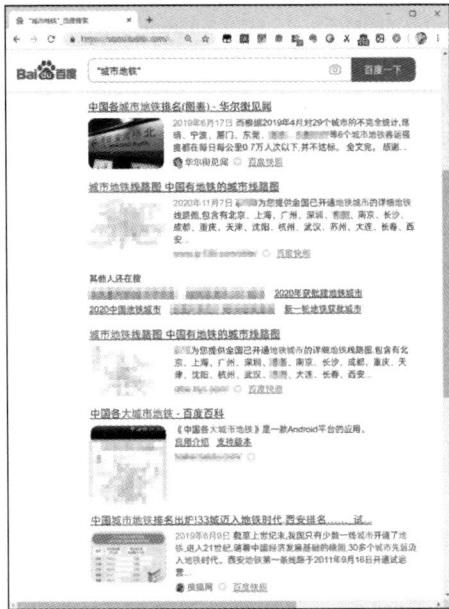

图 7-58　关键词"'城市地铁'"的查询
结果

图 7-59　关键词"*六记"的查询结果

　　新媒体运营者可以将以上关键词查询技巧组合使用。熟练掌握不同搜索引擎和平台的关键词查询技巧后，新媒体运营者便可以更全面、高效地挖掘可用素材，提升工作效率。

思考与练习 ••••

1．请同时查看知乎、今日头条、微博等平台的热点，分析不同平台的热点有什么不同。

2．请使用百度指数和微信指数搜索同一关键词，分析两个平台功能的异同。

3．你所了解的短视频与直播数据的查询工具有哪些？请尝试使用其中一种工具做一场直播活动的数据分析。